생각,
디자인하라

글 박경록

우리책

생각,
디자인하라

초판 1쇄 인쇄 | 2012년 4월 10일
초판 1쇄 발행 | 2012년 4월 20일

글 | 박경록
펴낸이 | 김정옥
대 표 | 김남석
디자인 | 임세희

펴낸곳 | 우리책
주 소 | 135-231 서울시 강남구 개포로 140길 8 (일원동 640-2)
전 화 | (02)2236-5982
팩시밀리 | (02)2232-5982
등록번호 | 2002. 10. 7. 제2-36119호

값 12,000원

ⓒ 박경록, 2012

ISBN | 978-89-90392-27-5

잘못 만들어진 책은 바꾸어 드립니다.

내 인 생 의 전 환 점 을 만 드 는 힘 생 각 경 영 자 가 계 발 서

생각,
디자인하라

우리 세대의 가장 위대한 발견은 마음 자세를 바꿈으로써 삶을 바꿀 수 있다는 사실이다.

-윌리엄 제임스-

시간은 우리 각자가 가진 고유의 **재산**이요, 유일한 재산이다. 그것을 어떻게 사용할 것인지 **결정**할 수 있는 것은 오로지 우리 **자신뿐**이다.

-칼 샌드버그-

프롤로그

희망의 길, 사랑의 실천

국가마다 상징되는 이미지가 있고, 기업도 떠오르는 상징적 이미지가 있으며, 사람에게도 처음 풍기는 이미지가 있고, 음식점에도 느껴지는 분위기가 있다. 그리고 사람에게도 불리는 이름이 있듯이 책에도 제목이 있다. 제목을 정하기 위해 인터넷이나 오프라인 서점에서 신간이나 책 제목들을 훑어본다. 그때마다 그 책에 대한 느낌이 와 닿는다. 짧지만 책 제목은 그 책 내용을 요약하고 대변하기 때문이다. 세상의 문명과 과학이 제아무리 발전한다 해도 우리에게 진정으로 감동을 주지는 못하고 있다.

영국 BBC에서 '가장 위대한 영국인 100명'을 정하기 위해 설문조사를 한 적이 있다. 당시 뉴턴이나 셰익스피어를 제치고 1등을 차지한 사람은 윈스턴 처칠이었다. 처칠은 말을 더듬는 버릇 때문에 어려서부터 항상 놀림을 받았지만, 끝내 용기와 리더십을 상징하는 정치인으로 성공하였으며 제2차 세계대전 회고록으로 노벨문학상을 수상하기도 했다.

그는 인간적 가치를 수호하는 훌륭한 연설가로도 알려져 있는데, 어느 날 명문 옥스퍼드 대학에서 졸업식 연설을 하게 되었다. 처칠은 열광적인 환영을 받으며 청중들을 바라보았다. 잠시 후 그는 "Never ever give up!(절대 포기하지 마세요!)." 이렇게 말했다. 그리고는 더 이상 아무 말도 하지 않고 모자를 쓰고 연단에서 내려갔다. 그것이 졸업식 축사의 전부였다. 때론 장황한 위로보다 그런 짧은 말 한마디가 큰 감동을 줄 때가 있다.

 꿈을 이루기 위해 노력하다 보면 누구나 크고 작은 어려움을 겪게 된다. 그때마다 현실과 적당히 타협하면 아무리 뛰어난 사람도 그 꿈을 이룰 수 없게 마련이다. 성공하는 사람들은 자신이 가진 능력과 지혜를 이용하여 어려움을 극복하는 '역경지수'가 높다고 한다. 그들은 결코 남의 탓을 하지 않으며, 자기 비하도 하지 않는다. 끝까지 희망을 잃지 않고, 동료들을 격려하며, 역경을 헤쳐 나갈 뿐이다. 어떤 장애물이라도 그것을 '걸림돌'로 만드는 사람이 있는가 하면 '디딤돌'로 만드는 사람이 있다. 세계적인 축구선수 박지성과 발레리나 강수진의 발이 세간의 화제가 된 적 있다. 평발이었던 박지성은 발 구석구석마다 3000번의 공이 닿도록 끊임없이 훈련했고, 강수진은 다리뼈에 금이 가는 고통을 이기며 하루에 19시간이나 연습을 거듭했다고 한다.

사람은 무엇으로 사는가? 가끔 사는 게 막막해져 온다. 아침에 눈을 뜨면 나에게 주어진 하루를 또 어떻게 견디어야 할지, 끝없이 이어진 날들을 어떻게 채워가야 할지, 하늘이 내 목숨 거두어 가는 날까지 내 삶에 최선을 다하는 것이 자신 스스로에 대한 인간의 예의라면 남은 날들을 어떠한 이유를 만들어 살아가야 하는지 묻지 않을 수 없다. 톨스토이 소설 중에 〈사람은 무엇으로 사는가?〉라는 단편이 있다. 한 천사가 하나님께 벌을 받아 이 세상에 온 뒤 세 가지 주어진 문제를 풀면 다시 하늘로 오를 수 있다는 이야기로 엮어진다. 마지막에 천사가 세 가지 모든 문제를 풀어 하늘로 오르는 것으로 이야기는 끝난다. "사람 안에는 무엇이 있는가? 사람으로서 할 수 없는 것은 무엇인가? 사람은 무엇으로 사는가?" 이 세 가지 질문에 대한 답 중 그간의 필자 생각을 깨는 답이 있었다. 세 번째 질문의 답인데, 사람은 자신만을 걱정하며 살아간다고 생각하지만 사실은 서로의 사랑에 의해 살아간다는 것이다. 많은 사람들은 자신만을 생각하는 마음으로 살아가는 것이 아니라 서로를 염려하고 배려하는 사랑의 힘으로 살아가는 것이다. 사람은 무엇으로 사는가? 무엇으로…? 톨스토이는 '사랑'이라고 말했다.

미국 인디애나의 한 초등학교에 뇌종양에 걸린 '짐(Jim)'이라는 학생이 있었다. '짐'은 방사선 치료를 받는 과정에서 머리카락이 다 빠졌지만 다행히 치료 경과가 좋아 퇴원하게 되었다. '짐'이 학교에 온다는 소식을 들은 개구쟁이 아이들은 수업이 끝났지만 그날만은 우르르 몰려나가지 않고 토론을 벌였다. 그들은 '어떻게 친구를 위로할까?'라는 마음으로 하나가 되었다. 다음날 아침, '짐'이 등교해 보니 모든 친구들이 서로를 쳐다보며 웃고 있었다. 모두가 머리카락을 깎았기 때문이다. 곧 이어 교실은 눈물바다가 되었다. 사랑한다는 것은 상대방의 마음이 되는 것이다. 상대방의 마음이 될 때 서로 하나가 됨을 느낄 수 있다. 서로 사랑한다면 우리의 삶은 행복으로 채워지고 이 세상을 살맛나는 세상으로 바꿀 수 있을 것이다.

여러분은 이 책을 손에 들고 있다는 사실만으로도 희망, 행복의 첫 단추를 끼운 것이다. 당신이 현재 직장인이든 학생이든 혹은 가정주부이든 최고경영자이든 어떤 위치에 있든 상관 없다. 당신의 꿈과 비전을 향해 쉽게 도전할 수 있도록 이 책이 기여할 수 있기를 기도한다.

2012년 4월 봄
희망과 사랑을 전하는 박 경 록

프롤로그 희망의 길, 사랑의 실천 … 6

I 생각, 바꾸고

감사의 비밀과 마음의 평화 … 15
가슴을 울렁거리게 하는 비전 … 23
열정, 크게 생각하면 크게 이룬다 … 32
5초간 기뻐하고 5시간 반성하라 … 39
삶의 흔적을 남기는 성공과 후회 … 47
축복받은 사람들의 도전정신 … 55
흥! 문화와 유대인의 교훈 … 63
세상을 바꾸는 힘, 이타적 행동 … 70

II 생각, 뒤집고

아는 것은 '힘', 행하는 것은 '위대한 힘' … 79

무임 승차와 링겔만 효과 … 86

전환점을 만드는 제3의 법칙 … 93

변화의 불씨와 100마리째 원숭이 … 99

소통(疏通)과 커뮤니케이션 … 107

의인(義認)의 인간관계와 소망 … 116

사소한 것들과 깨진 유리창 이론 … 122

III 생각, 디자인하라

최고의 선물(present)은 '현재(present)' … 133
생애 최고의 날을 사는 사람들의 선택 … 140
사랑과 섬김의 서번트 정신 … 148
좋은 지도자로 세우는 사랑의 리더십 … 155
일곱 가지 법칙의 달인이 되라 … 164
역경극복지수와 회복 탄력성 … 172
다양한 시각의 멀티프레임과 고착 상태 … 182
헌신과 열정을 이끄는 오메가 리더십 … 191

에필로그 바늘구멍의 희망이 기적을 이룬다 … 202

I

생각,

바꾸고
뒤집고
디자인하라

생각,
바꾸고

감사의 비밀과 마음의 평화

감사는 자부심과 자신감을 높이고 변화나 위기에 대처 능력
을 증진시킨다. 감사는 최고의 항암제요, 해독제요, 방부제다.
-존 헨리-

감사의 역량에 따라 행복의 크기가 결정된다.
-밀러-

　감사함을 느끼는 마음이야말로 가장 위대한 마음이고, 감사함을 느끼는 사람은 자신의 숨겨져 있는 비밀을 발견한 사람이라고 한다. "감사가 없는 소망은 의식불명의 소망이요, 감사가 없는 믿음은 줏대 없는 믿음이요, 감사가 없는 생애는 사랑이 메마른 생애이다. 어떤 아름다운 것도 거기서 감사를 빼면 이내 절름거리고 만다."고 조엣은 말했다. 감사하는 마음과 가슴이 움직이는 시간은 불과 0.3초밖에 안 걸린다고 하지만, 이 감사하는 마음은 기적을 낳게 할 수 있다. 지금 당장 생각만 바꿔도 인생의 99%가 바뀔 수 있을 것이다. 감사에는 세 종류 감사가 있다.

- 상대와 비교하는 감사 : 동물적 감사, 이지적인 감사
- 해석적 감사 : 어떤 일이 이루어짐에 따라 감사하는 생각의 감사
- 절대적인 감사 : 영적인 감사

우리는 일상 생활에서 감사의 마음을 표현하며 사는 것에 인색하지 말아야 한다. 곧 감사하는 마음으로 마음의 평화를 가져올 수 있기 때문이다. 감사는 감사를 낳으며 더 큰 감사로 축복해 주며 감사함으로 나를 알아가는 즐거움과 기쁨을 주는 것은 물론, 나의 주체성을 깨달아 더욱 성숙되어 가는 나를 발견하게 되는 덤까지 얻게 된다. 그리하여 사람을 잘 만나는 축복, 나로 인하여 축복이 되는, 나를 만나는 사람들에게 내가 도움이 될 수 있는 삶을 살아야겠다는 굳은 다짐이 서게 된다. 반대로 모든 일에 걱정하고, 불안해하고, 믿지 못하고, 불평불만해서 문제가 해결된다면 얼마나 좋을까? 부정적인 생각을 하면 할수록 오히려 더 어려움에 빠지게 된다.

사랑하는 사람에게 꼭 해야 되는 말이 세 가지 있다고 한다. 그 말은 '사랑해, 미안해, 고마워', 이 세 가지 말이 사랑하는 사람과의 관계를 행복하게 만들어 준다고 한다. 우리가 잘 알고 있는 '토마스 에디슨'은 인류 세계에 크게 공헌한 발명가인데, 그는 수많은 기구들을 발명하기 이전인 젊은 시절에 청각 장애인이 되었다. 그러나 그는 불행에 처해서도 조금도 절망하지 않고 발명에 열중하며 인류문화에 길이 남는 위대한 과학자가 되었으며, 백열 전구 하나로 캄캄한 밤을 낮과 같이 밝은 밤으로 변화시켜 놓았다. 그 뒤 많은 사람들이 그 어려

움을 어떻게 이겨 냈느냐고 묻자 "귀가 들리지 않게 되어 연구에 몰두할 때 잡음이 들리지 않아 방해받지 않았다는 점에서 감사함을 느꼈다."고 했다. 이처럼 우리는 어려울 때일수록 감사를 느낄 줄 아는 사람이 되어야 한다.

아는 사람 중에 과거 실업자 생활을 경험했던 사람이 있는데, 그는 실업의 공포에 대해서 자주 이야기를 한다. 일자리를 잃어보지 않고서는 인생이 얼마나 힘들고 어려운가를 알 수 없다는 것이다. 그래서 '실업이야말로 남자에게는 핵폭탄보다 더 무섭다.'는 점을 강조하고 있다. 선진국에서는 임금 교섭을 할 때 임금 인상보다 고용 안정을 더욱 중시하고 있다. 실제로 독일의 유명한 자동차 회사인 '폴크스바겐 사'에서는 불황일 때 퇴직이나 해고 대신 근로 시간을 단축해 임금 하락을 감수하기도 했다. 따라서 우리는 일자리를 갖고 있다는 것에 감사하고, 경영층에서는 어려움 속에서도 주인의식을 갖고 열심히 근무해 주는 임직원들에게 감사해야 한다. 감사하는 마음을 가졌을 때 예기치 않은 어려움과 위기를 극복해 낼 수 있는 지혜가 나올 수 있다. 또 조직과 상사와 부하, 동료에 대해 서로 감사하는 마음이 생기면 생산성은 저절로 오르게 되어 있다.

그런데 어떤 사람은 감사하고 싶은 이유를 아무리 찾아봐도 발견할 수 없다고 한다. 감사함을 느낄 수 없는 사람은 근심과 욕심이 많아서인지 아니면 자만심에 빠져 있어서인지 생각해 봐야 한다. 우리는 감사함에 관심을 가져야만 감사해하는 소리를 들을 수 있고, 감사해하는 것을 볼 수 있고 느낄 수 있으며, 감사해하는 마음을 가질 수 있다.

　우리 주위를 살펴보면 어떤 일을 하고 있든지 간에 성공한 사람들은 감사하는 마음을 표현하기 때문에 더욱 발전할 수 있다. 축구에서 골을 넣은 사람은 공을 패스해 준 선수에게 감사함을 표시하며 포옹하는 모습을 보게 된다. 야구에서 투수는 외야수들의 수고에 감사를 느낀다고 한다. 이와 같이 세상에서 혼자서는 아무것도 할 수 없음을 알 수 있다. 자신의 비전이나 꿈을 이루기 위해서는 다른 사람들의 도움이 필요하다는 것을 깨닫는 것도 감사한 일이다. 인생을 전환하기 위해 지금 당장 필요한 것은 첫 번째로 감사하는 일이다.

　감사해야 할 일들의 목록을 작성해 보라. 감사하면 에너지가 바뀌어 사고방식도 바뀌기 시작한다. 감사하면 온 마음이 좋은 것들로 가득 차게 된다. 아인슈타인은 가난한 환경에서 삶을 시작했으나 많은 일을 해냈다. 그는 날마다 수백 번씩 "고맙습니다, 감사합니다."라고 말했다고 한다. 자기보다 앞서 길을 걸어간 위대한 과학자들에게 그 공로에 고마움을 표했고, 그래서 더 많이 배우고 성취할 수 있게 된 것이다. 결국 그는 가장 위대한 과학자가 되었다.

　미국 스탠포드 대학 심리학 교수인 캐럴 드웩은 30년 연구 끝에 사람이든 사회든 능력은 더 개발될 수 있다고 믿는 성장 마인드를 지닌 쪽이 실제로 발전한다고 밝혀 냈다. 성장 마인드셋(growth mindset)을 가진 사람들은 먼저 스스로를 긍정의 눈으로 바라본다. 지금의 환경 변화에 대해 원망하거나 탓함이 없이 지금의 상황에서 무엇을 배울 수 있는지, 원하는 것을 이루려면 무엇을 어떻게 해야 하는지 생각한다. 위기는 모두에게 똑같이 다가오지만 성장 마인드를 가진 사람들은 언제나 위기에는 항상 위태로움과 함께 기회가 있다는 믿음을 가지고 있다. 타고르의 기도를 통해 감사하는 마음을 가져 보자.

저로 하여금 위험을 모면하게 해달라고 기도하게 하지 마시고
다만 두려움 없이 위험을 마주할 수 있기를 기도하게 하소서.
저로 하여금 제 고통 누그러지게 해달라고 간청하게 하지 마시고
다만 마음으로 그 고통을 정복할 수 있기를 간청하게 하소서.
저로 하여금 삶이라는 이 전쟁터 속에서의 타협을 모색하게 하지 마시고
다만 제 자신의 힘으로 길을 찾아 극복해 나가게 하소서.
저로 하여금 두려움 속에서 근심하며 구원받기를 갈구하게 하지 마시고
다만 인내로써 제 자신의 자유를 얻어내기를 희망하게 하소서.
저로 하여금 오직 제가 성공했을 때에만 당신의 자비를 느끼는 그런 겁쟁이가 되지 않게 하시고
다만 저의 실패 속에서 당신의 은총의 손길을 보게 하소서.

어느 날 랍비가 이렇게 말했다.
"진리와 기회는 길에 있는 돌멩이처럼 널려 있다."
며칠이 지난 뒤 제자가 랍비에게 물었다.
"선생님, 진리와 기회는 돌멩이처럼 널려 있다고 말씀하셨는데, 왜 사람들은 흔한 진리와 기회를 터득하지 못할까요?"
그러자 랍비는 대답했다.
"진리와 기회는 돌멩이처럼 널려 있지. 그러나 사람들이 허리를 굽히지 않기 때문에 그 돌을 집을 수 없는 거라네."
우리가 조금만 마음의 눈을 뜨고 생각을 바꾸면 진리와 기회는 주위에 얼마든지 있음을 발견하게 된다.

감사하는 마음이 없다면 정상에 오르기 어려울 뿐만 아니라 정상을 유지하기도 힘든 법이다. 한 우스갯소리인 일화를 소개해 본다. 서로 인사를 하면서 악수를 해보면 그들의 직위 수명이 얼마나 갈 수 있는가를 짐작할 수 있다고 한다. 45° 이상 공손하게 고개를 숙여 악수하는 사람은 장수하고, 고개만 끄덕이며 시늉만 하는 사람은 단기간에 자리를 그만두게 된다는 것이다. 감사하는 마음은 저절로 머리가 숙여지고 겸손함으로 나타난다. 감사하는 마음이 없다면 겸손한 마음이 없어지고 자기만이 옳다는 자만심에 빠지기 쉽다. 자만심을 버리고 겸손한 태도를 유지하면서 모든 것에 감사하는 마음을 갖는다면 세상을 바라보는 눈과 느낌, 그리고 마음이 달라짐을 느끼게 될 것이다.

"범사에 감사하라(데살로니가전서 5:18)"는 성경 말씀은 기독교인이 아니더라도 일반인에게 많이 음송되고 있다. 그런데 여기에 과학적 논리가 숨어 있다. 미국 심리학자들이 오랜 연구 끝에 감사의 과학적 변화를 확인했다. 감사하면 뇌 좌측의 전전두피질을 활성화해 스트레스를 완화시켜 주고 행복하게 해 준다는 것이다. 심리학자들은 이를 'Reset(재설정)' 버튼을 누르는 것과 같은 효과라고 설명했다. '감사'는 인간이 느끼는 가장 강력한 감정이라는 여러 심리학자들의 연구를 재확인한 것이다.

미국 마이애미대 심리학 교수 마이클 맥클로우는 "잠깐 멈춰 서서 우리에게 주어진 감사함을 생각해 보는 순간 당신의 감정 시스템은 이미 두려움에서 탈출해 아주 좋은 상태로 이동하고 있는 것"이라고 말한다. 마치 승리에 도취된 감정을 느낄 때와 유사한 감정의 선순환을 만든다는 것이다. 미국의 심리학자 마르얀 트로이아니는 환자들과 상담을 하면서 불만을 제한하고 감사함을 더 표현하게 하여 효과를 봤다고 하면서 "감사 일기나 공책은 중요한 치유의 도구가 되고 있다."고 말했다. UC 데이비스의 심리학 교수인 로버트 에몬스는 실험을 통해 "감사하는 사람은 훨씬 살아 있고 경각심을 가지며, 매사에 적극적이고 열정적이며, 다른 사람들과 더 맞닿아 있다고 느낀다."고 말한다. 그는 "생리학적으로 '감사'는 스트레스 완화제로 분노나 화, 후회 등 불편한 감정들을 덜 느끼게 한다."고 했다.

에몬스는 12~80살 사이의 사람들을 상대로 한 그룹에는 감사 일기를 매일 또는 매주 쓰도록 하고, 또 다른 그룹들에는 그냥 아무 사건이나 적도록 했다. 한 달 후 중대한 차이가 발생했다. 감사 일기를 쓴 사람 중 4분의 3은 행복지수가 높게 나타났고 수면이나 일, 운동 등에서 더 좋은 성과를 냈다. 그저 감사했을 뿐인데 뇌의 화학 구조와 호르몬이 변하고 신경 전달 물질들이 바뀐 것이다. 감사함을 느끼는 순간 사랑과 공감 같은 긍정적 감정을 느끼는 뇌 좌측의 전전두피질(이대열, 예일대 신경생물학 교수는 "회사에서 하는 행동과 집에서 하는 행동이 다른데, 이처럼 상황과 분위기에 맞춰 다르게 행동할 수 있는 것도 전전두피질의 기능"이라며 "당장의 이익을 참고 나중의 더 큰 보상을 선택할 줄 아는 복잡하고 유연한 사고도 이와 관련이 깊다."고 했다.)이 활성화된다는 것이다.

감사는 기적을 낳는 것이다. 탈무드에 "세상에서 가장 지혜로운 사람은 배우는 사람이고, 세상에서 가장 행복한 사람은 감사하는 사람이다."라고 했다. 감사와 겸손으로 자기 관리를 하는 사람은 인생의 멘토 CEO로 성공한 사람이다. 그래서 항상 '덕분에', '감사' 란 말이 입에 배어 오르내리고 있는 것이다.

"감사합니다."

**생각,
바꾸고**

가슴을 울렁거리게 하는 비전

집안이 나쁘다고 탓하지 말라. 나는 아홉 살 때 아버지를 잃고 마을에서 쫓겨났다. 가난하다고 말하지 말라. 나는 들쥐를 잡아먹으며 연명했고, 목숨을 건 전쟁이 내 직업이고 내 일이었다. 작은 나라에서 태어났다고 말하지 말라. 그림자 말고는 친구도 없고 병사로는 10만, 백성은 어린애, 노인까지 2백만도 되지 않았다. 배운 게 없다고, 힘이 없다고 탓하지 말라. 나는 내 이름도 쓸 줄 몰랐으나 남의 말에 귀 기울이면서 현명해지는 법을 배웠다. 너무 막막하다고, 그래서 포기해야겠다고 말하지 말라. 나는 목에 칼을 쓰고도 탈출했고, 뺨에 화살을 맞고 죽었다 살아나기도 했다. 적은 밖에 있는 것이 아니라 내 안에 있었다. 나를 극복하자, 나는 칭기스칸이 되었다.

이 세상에서 가장 이상한 비밀은 '모든 일은 우리가 생각하고 믿음대로 이루어진다는 사실'이다. "믿음은 보이지 않는 것의 실상"이라는 성경 말씀도 있다. 인생은 꿈을 먹고 사는 존재이다. 꿈(Dream)은 희망(hope)을 가질 수 있는 목표를 세워야 긍정적 행동(action)이 나오고 비전(vision)이 되는 것이다. 꿈은 창조주가 인간에게 주신 최고의 선물이다. 성공한 사람들은 늘 소망을 품고 살아간다. 또한 비전은 달성하고자 하는 목표를 가시화한 것이며, 꿈을 갖고 앞으로의 일을 생각하는 것이고, 미래에 자신이 실현하고자 하는 모습의 구체적인 형상이다.

미시간 대학교에서 모의재판 실험을 한 적이 있다. 아이의 양육권을 두고 부모 사이에 벌어지는 모의재판이었다. 그 때 엄마 측 변호사가 이런 주장을 펼쳤다. "이 아이는 매일 다스베이더(영화 〈스타워즈〉의 캐릭터) 커플 칫솔로 엄마와 함께 양치질을 합니다." 바로 이 멘트 때문에 배심원들은 엄마의 손을 들어주었다. 아들이 좋아하는 칫솔을 사 준 엄마와 밤마다 함께 칫솔질하는 모정이 가득한 엄마를 떠올리게 했기 때문이다.

만일 당신이 배를 만들고 싶다면, 사람들을 불러 모아 목재를 가져오게 하고 일을 지시하고 일감을 나눠 주는 등의 일을 하지 말라! 대신 그들에게 저 넓고 끝없는 '바다에 대한 동경심'을 키워 줘라. 인류의 가장 위대한 힘이야말로 많은 사람들이 공통으로 지니고 있는 비전임을 알 수 있다.

헬렌 켈러(Helen Keller)는 "맹인으로 태어난 것보다 더 불행한 것은 시력은 있으나 비전이 없는 것이다."라고 했다. 디즈니랜드를 개장

할 때 월트 디즈니는 이미 죽고 없었다. 그 행사장에서 아내가 그를 대신하여 연설하게 되었는데, 청중 앞에 그녀를 소개한 사람이 이렇게 물었다.

"디즈니 여사, 디즈니 씨가 이것을 볼 수 있었다면 얼마나 좋았을까요?"

그녀는 대답했다.

"그 양반은 우리보다 먼저 보고 가셨답니다."

디즈니랜드의 비전은 '지구상에서 가장 행복한 곳'으로 표방되었다. 월트 디즈니 씨가 세상을 떠난 오늘날까지도 디즈니랜드의 모든 사업 아이디어와 경영 전략은 그의 비전을 실현하는 데 집중되고 있다. 대니얼 버넘(Daniel H. Burnham)은 "작은 꿈을 꾸지 말라. 그것은 당신의 피를 끓게 하는 기적을 일으키지 못한다. 원대한 꿈을 세우고 드높은 이상과 희망을 향해 나아가라."고 했다. 2002년 월드컵 16강 진출 후 히딩크 감독은 "나는 아직도 배가 고프다(I'm still hungry)."라는 말을 남겼다. 그의 짧은 이 한 문장은 선수들에게는 물론 국민들에게까지 그가 가진 더 큰 목표와 추진 의지를 여실히 느끼도록 하였다. 16강에 만족하지 않았던 그의 열정은 결국 2002년에 4강 신화를 달성하는 힘이 되었다.

비전은 이미지를 형상화하여 전파되어야 한다. 즉, 한 순간의 이미지로 많은 사람들에게 각인시켜 함께 한 방향으로 나아갈 수 있도록 하는 힘을 보여 주는 것이다. 하지만 대부분 많은 사람들은 자기가 하고 싶은 일보다는 할 수 있는 일을 택한다. 그러다 보니 일이 재미없고 무의미해지기 시작하면서 슬럼프에 빠지게 된다. 비전이 없는 사람은 어떤 일을 해도 열정이 없고, 재미를 느끼지 못한다. '비전'이란 내 미래의 꿈에 대한 앞으로 나아가야 할 방향을 말한다. 비전은 구체적이고 실현 가능성이 있을 때, 지금 하고 있는 일이 힘들어도 스스로를 격려하며 슬럼프에서 빠져 나올 수 있다.

다음은 누구의 비전일까? "세계 모든 가정, 모든 책상 위에 하나 이상의 컴퓨터가 놓여 있는 세상을 만들겠다.", "1960년대 말까지 달 위를 걷는 인간의 모습", 이것은 바로 빌 게이츠와 존 F. 케네디의 비전이다. 자신이 나아가야 할 방향을 정확히 알고 있다면 그것이 곧 삶의 내비게이션이 되는 것이다. 삶의 내비게이션을 보다 더 구체화시키기 위해서는 별난 안경을 간직해 보자.

다가올 미래를 잘 볼 수 있는 '망원경'
현재의 상황을 남보다 잘 볼 수 있는 '현미경'
과거를 도약의 발판으로 삼을 수 있는 '백미러'
자신의 경쟁자를 잘 볼 수 있는 '사이드미러'
자신의 장단점을 잘 볼 수 있는 '돋보기'

사람들 중에는 올빼미보다 앞을 보는 범위가 좁은 사람이 의외로 많다고 한다. 예컨대, 얼굴 양옆에 손이 올라와 있어 앞을 보는 범위를 좁게 만들기도 하고, 이들 중에는 손이 얼굴에 올라와 있다는 사실을 모르는 사람도 있을 것이고, 손이 올라와 있다는 사실을 알면서도 별 불편을 느끼지 못하고 있는 사람도 있을 것이며, 또한 손이 올라와 있다는 사실을 오히려 자랑으로 여기는 사람도 있을 것이다. 하지만 올빼미가 110°밖에 보지 못하면서도 자기방어를 잘하면서 살아 남을 수 있는 것은 머리를 좌우로 180° 돌릴 수 있어서 앞뒤를 모두 다 보면서 살아가는 지혜를 갖고 있기 때문이다. 그러나 사람은 좌우로 150°를 돌리기가 힘들다고 한다. 문제는 바로 여기에 있다. 올빼미처럼 머리를 돌려서 보지 못하는 것을 잠시 멈춰 서서 생각해 보는 지혜를 가져야 한다. 우리가 자동차를 운전하고 가다가 철도 건널목 앞에 다다르면 우선 멈춰 서서 좌우를 살피고 기차 오는 소리를 들어봐야 한다. 이와 마찬가지로 우리가 지금 해야 할 일이 무엇인지 잠시 멈춰 서서 조용히 소리를 듣고 살펴보면서 지혜를 얻어야 한다.

〈춘향전〉에 나오는 이몽룡의 비전은 과연 무엇이었을까? 멀리 두고 온 애인이 감옥에 투옥되었다는 생각에 아마도 공부가 잘 안 되었을 것이다. 우리 자신이 이몽룡이라고 가정하고 비전을 상상해 보자. 이몽룡의 비전은 대략 이런 것이었을 것이다. 춘향이가 투옥되었다는 소식을 들었는데, 너무나 답답해서 고시 공부가 잘 안 되었겠지만 결국 빨리 암행어사가 되는 길밖에 없다고 생각했을 것이다. 만약, 춘향을 만나러 갈 때 거지 행색을 하고 간다면 그녀는 나를 어떻게 대할까? 마음이 워낙 고와 내색은 안 하겠지만 낙담할 것이다. 하지만 암행어사가 된 것을 알면 춘향이는 감옥에 투옥되면서까지 나를 기다렸다는 자기 행동이 옳았다고 기뻐할 것이다. 그럼 변사또는 어떤 모습으로 나에게 대할 것인가? 여기저기 높은 곳에 줄을 대며 한 번만 봐 달라고 두 손 모아 빌 것이다. 이럴 때 나는 감정에 치우치지 않고 공정한 판단을 내려야겠다. 그 날을 상상하면 가슴이 울렁거리고 어서 마음잡고 고시 공부를 열심히 하여 암행어사가 되어야겠다고 상상한다면 공부할 맛이 날 것이다.

우리 자신이 이몽룡이라고 한다면 가슴이 울렁거리지 않는가? 이와 같이 목표가 명확하고 비전을 달성하는 순간을 상상할 때 가슴이 울렁거리고, 하는 일에 신바람이 나고, 빨리 성취해야겠다는 마음이 생기고, 현실적인 고통을 극복할 수 있는 자극제가 되고 있는 것, 이것이 바로 진정한 비전인 것이다.

많은 사람들과 이야기하거나 강의를 하다 보면 "우리 조직은 비전이 없다."고 말하는 경우가 있다. 그때, "그렇다면 당신 자신의 비전은 뭡니까?" 하고 물어보면 머뭇거리는 경우도 많다. 따라서 우리가 가슴이 울렁거리는 비전을 만들기 위해서는 내가 가장 잘 할 수 있는 것은 무엇인지, 조직에서는 구성원들에게 어떤 비전을 제시해 줘야 가슴이 울렁거릴 것인지 생각해 봐야 한다.

기업이나 조직에서도 미래의 청사진인 비전을 명확히 제시해 줘야 한다. 그래야만이 구성원들의 심리 상태를 움직여서 행동하게 만들 수 있다. 조직은 앞으로 계속 나아가지 않으면 쓰러지는 자전거와 같기 때문에 미래를 향한 모습이 마땅히 제시되어야 한다. 어떤 회사에서는 CEO가 비전을 제시했는데, '세계에서 가장 재미있는 회사가 되겠다.'는 비전이었다고 한다. 이 회사의 CEO가 점심시간에 식당에 가면 직원들이 서로 앞다퉈 사장님 옆에 앉으려고 야단이라고 한다. 왜냐하면 사장님은 매일 재미있는 유머를 하기 때문이다. 이러다 보니 자연히 근로 의욕이 생기고, 생산성이 높아지게 되었다.

미국 마이크로 소프트사의 빌게이츠 회장은 직원들에게 매출 목표는 말하지 않고 "전 세계 가정의 모든 방에 마이크로 소프트사 제품을 올려 놓겠다."고 비전을 제시하며 상상을 해보도록 유도했다. 그리고 마이크로 소프트사의 최대의 자산은 '직원들의 상상력'이라고 빌게이츠 회장은 자랑했다.

이 중에서도 가장 중요한 것은 '나에게 비전이 있느냐' 하는 것이다. 내가 비전이 있는가를 파악하는 방법은 누가 어디에서 갑자기 물어봐도 3초 이내에 대답할 수 있어야 한다. 만일 즉시 대답할 수 없다면 최우선 과제로 나의 비전을 만들어 나가야 할 것이다. 이몽룡같이 '가슴이 울렁거리는 비전'을 만들어 위기를 기회로, 기회는 나의 변화된 모습으로 창조해 나갈 수 있어야 한다. 피트 코엔은 '할 수 있다(can), 할 것이다(will), 바로 지금(now)'과 같이 성공 과정을 단적으로 설명하고 있다.

위대한 철학자이며 교육자인 존 듀이는 90번째 생일을 맞았을 때 한 청년으로부터 질문을 받았다.

"어떻게 하면 당신처럼 위대한 삶을 영위할 수 있겠습니까?"

존 듀이는 산에 오르라고 대답했다. 그러자 청년이 다시 물었다.

"산에 올라 무엇을 합니까?"

"다시 올라갈 다른 산을 보기 위해서라네."

존 듀이는 또 이런 명언을 덧붙였다.

"그러다가 더 이상 오를 흥미가 없어지면 자네는 죽을 날이 가까이 온 거야."

우리에게 꿈이 없으면 삶의 가치가 없다는 말인 것이다. 불이 났을 때 불 타는 모습을 보고 도망간다고 살아 남는 것이 아니다. 이미 타 버린 곳으로 뛰어들어야 살아 남을 수 있다.

1963년 8월 23일, 마틴 루터 킹(Martin Luther King) 목사는 워싱턴의 링컨 기념관 앞에서 자신의 꿈을 그 앞에 모인 25만 명의 청중과 온 세상에 알렸다. 그의 '나에게는 꿈이 있습니다(I have a Dream).'라는 연설은 비전이 가져야 하는 생생함은 물론, 종교적 신념에서 나오는 에너지와 영감을 담고 있어 청중의 마음을 휘어잡는 명연설로 기록되고 있다.

성공한 사람들의 특징은 끊임없는 노력으로 결국 꿈을 이루어 냈다는 사실이다. 꿈을 가지는 것보다 중요한 것은 그것을 이뤄 내려는 열정과 노력이다. 결국 가슴에 품고 있는 꿈을 이루고 말겠다는 열정이 없으면 그저 헛된 망상으로 끝나고 만다. 비단 개인의 문제만은 아니다. 우리 사회의 모든 구성원들이 자신들의 건전한 꿈을 위해 열정을 다한다면 이 사회가 얼마나 건강해지겠는가! 꿈을 이루기 위해 땀 흘리는 아름다운 수고로움을 즐거운 마음으로 행하라.

> 생각,
> 바꾸고

열정, 크게 생각하면 크게 이룬다

> 재미있게 일을 할 수 있다는 것에 큰 비중을 두지 않는 사람들이 더러 있다. 그러나 나는 이것이 무엇보다도 중요하다고 생각한다. 재미있다는 것은 오랫동안 열정(熱情)을 가지고 일을 할 수 있다는 것과 직결된다. 아무리 성취감과 보람이 있는 일이더라도 열정을 가질 수 없다면 계속해서 그 일을 하기는 힘들며 그 분야에서 최고가 되기는 더더욱 힘들다.
>
> −서울대 융합과학기술대학원장 안철수−

쌀 '미(米)' 자를 보면 가운데 십자가(+)를 중심으로 위와 아래에 여덟 '팔(八)' 자가 두 개 있다. 쌀 한 톨을 생산하기 위해서 농부가 88방울의 땀을 흘려야 된다는 의미가 담겨 있다고 한다. 한 사람의 열매를 맺기 위해서는 88방울의 땀방울을 흘려야 하는 것이다. '열정(熱情, Passion)' 하면 어떤 일에 열렬한 애정을 갖는 것을 말한다. 열정은 모든 힘든 일과 어려움을 극복해 가는 에너지를 말한다. 열정은 무덤덤한 삶을 활기찬 삶으로 만든다. 열정은 게으름을 부지런함으로 만든다. 열정은 평범한 사람을 비범한 사람으로 만든다. 열정은 넘어진 사람을 다시 일어나게 한다. 열정은 열등감을 자신감으로 바꾼다.

열정(enthusiasm)의 어원은 '엔테오스/엔토우스(entheos/enthous)'라는 그리스 어로, 'entheos', 즉 '내재(內在)하는 신(a God with)'이다. 곧 '내 안에 신(God)을 둔다.'는 의미심장한 말이다. 성공한 사람들은 외향적이든 내성적이든 상관없이 열정적 에너지 덩어리로 자신뿐 아니라 주위 사람들에게도 열정을 전염시키는 능력을 가지고 있다. 그래서인지 성공한 사람들의 자서전을 보면 유난히 많이 등장하는 단어가 '열정'이다.

사원 채용 요건 중 첫째로 열정을 꼽는다는 한 CEO에게 물어 보았다.

"열정이란 추상적인 현실에서 어떻게 구체적으로 측정하고 알아볼 수 있습니까?"

대답은 단 3초도 안 걸려 돌아왔다. 세상에서 속이지 못할 세 가지가 있다고 한다. 그것은 '사랑', '가난', '기침'이다. 그러나 '열정'도 속이지 못한다고 덧붙인다. 열정이란 용암처럼 솟아오르는 것이어서 감춘다고 감춰지지도, 위장한다고 가려지지도 않으며 자연발생적으로 드러나게 되어 있다는 것이다.

Passion과 Enthusiasm의 차이는 매우 비슷한 의미를 지니고 있으면서도 뉘앙스에 약간의 차이가 있다. Passion은 어떤 목적을 달성하려는 강렬한 마음의 상태를 가리키는 말이다. 영화 〈Passion of Jesus Christ〉에서 예수는 하나님의 뜻을 세상 사람들에게 알리기 위한 강렬한 의지를 가지고 죽음도 불사하는 열정을 보여 주는 과정이

묘사된다. 'Enthusiasm'이라는 단어도 종교적 열정을 가리키는 말이기는 하다. 미국의 성공학자 지그 지글러는 'En = In(안에서), Thus - Theo(신), I am sold myself(첫자들을 모으면 iasm이 된다.).'라고 재미있게 풀어서 이 단어를 'I am sold myself in God(나는 신 안에 나 자신을 팔았다.)'이라고 해석하여 "신(God)에게 모든 것을 바치고 나면 세상이 두려울 것이 없는 상태에서 자신의 희구하는 바를 이루려는 열정을 가질 수 있다."라는 의미를 가졌다고 『정상에서 만납시다』라는 책에 소개하고 있다. 어떤 일을 성취하려면 강한 열정이 없이는 이룰 수 없다는 말이다.

영국의 T. 풀러는 '반의 법칙'을 말한다. 사람은 말한 것의 반만 듣고, 들은 것의 반만 이해하고, 이해한 것의 반만 믿고, 믿은 것의 반만 기억한다는 것이다. 리더는 비전을 통해 구성원들을 움직이게 하기 위해서는 열정적이고 반복적인 커뮤니케이터가 되어야 한다.

나는 중요한 일을 할 때 불만, 불안, 불신, 불평 등 '불(不)' 자가 많은 사람은 포함시키지 않는다. 큰 일을 시작할 때는 '불(不)' 자가 많은 사람을 넣으면 본인뿐 아니라 다른 사람에게도 악영향을 주어 일을 그르치고 말기 때문이다. 과거에 없던 새로운 일을 시작할 때는 대다수의 사람들이 '불(不)' 자를 입에 올린다. 그러나 세상 모든 사람들이 안 된다는 생각만 했다면 역사 속에 등장하는 그 무수한 최초는 결코 없었을 것이다.

디즈니의 전 CEO인 마이클 아이스너는 구성원이 갖고 있는 열정과 창의력에 대한 믿음을 이렇게 표현했다. "나는 누구든지 자신의 내면에 깊이 숨겨진 새로운 창조의 원천을 찾을 수 있다고 확신한다." 깊이를 짐작할 수 없는 열정의 원천을 건드릴 때, 그 힘은 기업의 성과에 엄청난 영향을 미칠 것이다. 숨겨진 열정을 깨우는 가장 좋은 방법은 구성원들로 하여금 분명한 목표의식을 갖도록 하는 것이다. 분명한 목표가 있을 때 구성원들은 자신이 하고 있는 일에 대한 의미를 발견하고 목표를 달성하기 위해 자신의 열정을 발휘하게 된다. 반대로 목표도 없고 의미도 없는 일의 반복은 구성원의 열정을 죽일 수밖에 없다. 열정을 깨우는 다른 방법 중 하나는 교육 훈련을 통해 지식을 쌓아가게 하는 것이다. 잘 알지 못하는 업무나 분야에 대해 열정을 갖기란 매우 힘들다. 그런 측면에서 열정은 감정의 한 형태이지만 지식이 바탕이 되지 않으면 제대로 발현될 수가 없다.

『크게 생각하면 크게 이룬다』의 저자인 데이비드 슈워츠는 대다수의 사람들이 어떤 것에 대해 열정을 갖지 못하는 이유 중 하나는 그것을 잘 모르기 때문이라는 사실을 발견했다. 어떠한 것에 대해 열정을 갖고 있을 때 그것에 대해 잘 알 수 있기도 하지만 반대로 잘 알기 때문에 그것에 대한 열정을 갖게 되는 경우도 있는 것이다. 열정이 개인적인 수준에 머물지 않고 시간과 공간을 넘어 조직 내부에 지속적으로 전파되도록 하는 것이 조직의 열정 관리에 있어 필요하다. 처음에는 열정으로 시작한 조직들이 시간이 가고 규모가 커질수록 처음의 열정을 잊어버리고 관료주의에 빠져드는 경우를 종종 보게 된다. 또한 뛰어난 리더에 의해 열정적으로 움직이던 조직이 그 리더가 떠나고 난 뒤, 갑작스럽게 흔들리는 경우도 있다. 이는 모두 열정이 조직 전체로 전파되지 못하고 열정의 공백이 생기기 때문에 발생하는 문제이다. 이러한 문제를 극복하기 위해서는 열정에 대한 내부 커뮤니케이션이 중요하다.

GE의 전 회장이었던 잭 웰치는 누구보다 개인의 열정과 조직의 핵심가치에 관심이 많은 CEO였다. 그는 경영 회의에서 높은 성과를 보였는데도 회사를 떠날 수밖에 없었던 리더들을 언급하면서, 이들이 조직의 핵심 가치와 맞지 않았다는 점을 강조했다. 단기적으로는 높은 성과를 거두었다 할지라도 조직이 지향하는 가치와 연계되지 않는다면 무의미하다는 것이다. 최고 경영자의 이러한 원칙은 구성원들의 열정이 조직의 핵심 가치를 향해 정렬되도록 강한 영향을 미쳤다. 열정은 뭔가를 이루어 낼 수 있는 강력한 힘이다. 그 힘이 강력하기 때문에 어떤 이들은 열정을 관리할 수 없다고 말한다.

미국의 철강 왕 카네기는 "인간은 자기 자신의 신념이나 사랑, 애정, 연애를 위해서는 물불을 가리지 않고 행동한다."고 하였다. 열정적인 비전이란 기존의 개념이나 상식을 뛰어넘는 새로운 발상으로 자신의 신념이나 신조를 확립하고 새로운 행동으로 자신의 행동을 변혁시키는 것이라고 볼 수 있다. 기업 활동에 있어서도 날로 성장하는 회사의 특징을 보면 한결같이 신바람 난 미친 사람들이 그 회사를 이끌고 있다. 펜티엄 칩(Pentium Chip)을 생산하는 인텔사의 회사 구호를 보면 "미친놈이 살아 남는다."로 정해져 있다. 또한 스칸디나비아 항공사에서는 탑승하는 승객을 위해 웃기는 일에 미쳐 있다고도 한다. 몸이 민첩한 스튜어디스는 좌석 위 선반에 숨어 있다가 짐을 넣으려는 승객이 문을 열면 꽃다발을 주거나 고양이 웃음의 흉내를 내며 짐을 받아 주고 있다는 것이다. 이러다 보니 고객들은 신바람이 나서 신바람이 난 미친 사람들을 찾아오고 있는 것이다.

따라서 우리가 생각해야 하는 것은 일시적으로 왔다갔다 하는 무슨 바람 같은 열정으로 신바람을 만들어서는 안 된다는 것이다. 미래의 꿈이나 비전이 먼 앞날을 바라보는 청사진이라면, 목표는 미래의 꿈과 비전을 달성하기 위해 지금 당장 실천에 옮겨야 할 구체적인 방법이라고 볼 수 있다. 목표 설정을 한다는 것은 다음과 같은 중요성이 있다.

첫째, 목표는 곧 행동으로 옮기게 한다.

둘째, 목표는 곧 힘이 된다.

셋째, 목표는 곧 문제를 극복해 낸다.

목표를 분명히 설정하면 어떤 어려움도 극복할 수 있다고 나폴레옹이 주장한 바 있다. 그는 전쟁 중에 텐트 안에서 치열한 계획과 목표를 세우고 승리하는 모습을 그리면서 어려움을 극복해 냈다고 한다. 미국 뉴욕의 어느 유명한 의사가 요양원이나 양로원의 사망률을 조사해 보았더니 결혼기념일이나 생일, 공휴일 같은 날의 사망률은 극히 적었다는 것이다. 이것은 곧, '언제까지'는 꼭 살겠다는 목표가 있었기 때문인데, 그들이 정한 목표가 달성되면 사망률이 급증하더라는 것이다. 어떤 일도 남이 이래라 저래라 간섭하며 시키게 되면 괜히 하기 싫어지기도 한다. 하지만 어떤 어려움도 스스로 목표를 정하고 열정적으로 행동할 때는 젖 먹던 힘까지 쏟아붓는 근성을 가지고 있는 것이 우리의 모습이다.

에드워드 버틀러(Edward B. Butler)는 "누구든 열정에 불타는 때가 있다. 어떤 사람은 30분 동안, 또 어떤 사람은 30일 동안. 그러나 인생에 성공하는 사람은 30년 동안 열정을 가진다."고 했다. 승자와 다른 사람을 차별화시키는, 모든 승자들이 가지고 있는 특성을 꼽는다면 그것은 바로 열정일 것이다. 사람들은 특정한 일에 대해 어느 순간은 열정을 갖게 된다. 그러나 열정을 지속적으로 갖지 않는다면 큰 의미를 가질 수 없다. 1만 시간 또는 10년 이상을 지속할 수 있는 열정 엔진을 장착해야만 위대한 성취를 이룰 수 있다.

생각,
바꾸고

5초간 기뻐하고 5시간 반성하라

성공관리는 힘겨운 일이다. 자신감과 자만심 사이에 균형을 유지하기란 어려운 일이기 때문이다. 종종 사람들은 성공을 이룸에 따라 자신감과 더불어 자만심에 빠지게 된다. 그리고 더 이상의 변화를 꺼리며 관료주의적 태도를 갖게 된다. 또한 스스로를 완전무결한 존재로 믿기 시작한다. 그로 인해 사람들은 세상의 변화를 외면하며 그에 역행하게 된다.

"5초간 기뻐하고 5시간 반성하라.", 델 컴퓨터의 회장 마이클 델은 '자기만족(자만심)'을 기업경영 최대의 적으로 간주했다. 엄청난 판매 실적을 거둔 직원들에게도 칭찬은 짧게 하는 대신, 향후 더 나은 판매법을 찾아보라고 독려한다. 이 같은 분위기가 전 사업 부문으로 확산되면서 '5초간 승리를 기뻐한 뒤, 무엇을 더 잘할 수 있었는지 5시간 반성하라.'는 슬로건까지 생겼다.

현대인들이 살아가는 데 있어 가장 필요한 것은 자만심이 아닌 '자신감과 책임감'이라고 볼 수 있다. 이는 어려운 상황에서도 그 일을 이룰 수 있는 바탕이 되고 성공적인 삶을 살아가는 초석이 된다. 자신감이란 자신이 있다는 느낌을 말하며, 다른 사람과 비교하지 않으면서 스스로 힘을 내는 것이다. 자만심은 다른 사람과 비교하여 힘을 내는 것인데, 다른 사람과 비교하면 우월감과 열등감이 나오는 것이다. 비교를 하면 전체에서 분리를 시킨다. 우월감으로 일을 하면 다른 사람의 말을 잘 듣지 않기 때문에 여러 가지 문제를 일으키는 것이다. 그리고 잘나가는 사람이 자만심 때문에 실패를 보는 경우가 많다. 자신감 있는 생각을 갖기 위해서는 자신감 있는 행동을 해야 한다.

세미나나 모임에 가 보면 뒷좌석부터 우선 채워지는 광경을 많이 볼 수 있다. 많은 사람들이 뒷줄에 앉기를 원하는 것은 자기가 별로 눈에 띄고 싶지 않기 때문이다. 눈에 띄기를 두려워하는 이유는 자신감이 부족하다는 것이기도 하다. 독실한 기독교 신자인 전 대한민국 국가조찬기도회 박성철(신원그룹 회장) 회장은 기업 활동을 통한 사회 공헌은 기업인이 가져야 할 소명임을 항상 강조한다. 그리고 틈이 날 때마다 읽어볼 것을 권하는 책은 『십일조의 비밀을 안 최고의 부자 록펠러』라고 강조하신다. 미국 역사상 최고의 갑부는 석유 재벌 존 D. 록펠러이다. 그가 사망할 당시 록펠러 가문이 소유한 재산은 미국 국내 총생산의 1.53%에 달했다. 그가 이렇게 최고의 부자가 될 수 있었던 것은 어릴 적부터 유대인 어머니의 철저한 가르침을 받았기 때문이다. 그의 어머니는 열 가지의 수칙을 아들에게 주었다. 그 중 하나가 "예배 시간에는 항상 맨 앞자리에 앉아라."는 것이다. 그래야만 목사님의 말씀을 가장 먼저 듣고 은혜를 받을 수 있다고 했다.

　보통 사람들은 대중이 모인 장소에서 앞자리에 나가서 앉기를 꺼린다. 대체로 중간쯤 자리잡으려 한다. 편안하기 때문이다. 앞자리에 앉기 위해서는 용기가 필요하다. 앞자리까지 가는 것은 거리상으로도 멀기에 그만큼의 노력도 필요하다. 그러나 앞자리에 앉은 사람에게는 다양한 혜택이 부여된다. 말하는 사람의 표정을 자세히 볼 수 있다. 심지어 숨 쉬는 소리까지 들린다. 집중이 되기 때문이다. 집중을 하면 같은 시간이라도 더 많은 것을 얻을 수 있고, 더 빨리 목표에 도달할 수 있다. 최고가 되고 싶다면 지금부터 앞자리에 앉는 습관을 길러 보자. 가능한 한 어떤 모임에서든 앞에 앉도록 실천해 보자. 두려움이나 공포감에서 벗어나 자신감을 만들어 나갈 수 있을 것이며, 다른 사람 눈에 잘 띄기 때문에 득이 되는 일이 더 많이 생길 것이다.

　또, 평상시 걸음보다 10%나 20% 빨리 걸어 보자. 나는 초청 강의에 나가게 되면 그 회사 정문에 들어서자마자 직원들의 걸음걸이 관찰하기를 좋아한다. 잘 관찰해 보면 그 걸음걸이를 통해서 그 회사의 분위기를 읽을 수 있기 때문이다. 걸음걸이의 분위기는 대체로 그 사람의 속마음과 비슷한 경우가 많음을 발견하게 된다. 느릿느릿 천천히 걷는 사람은 무슨 고민이 있거나 좌절감에 빠져 있는 경우같이 보인다. 보통사람보다 훨씬 빨리 걷는 사람은 자신감을 외부로 드러내

보이면서 자신에게 중요한 일이 있다는 것을 보여 주는 사람으로 인정받을 수 있다.

언젠가 어떤 단체에서 모 회사 견학을 갔었는데, 그저 시간을 때우겠다고 하는 사람은 느릿느릿 천천히 걷는 반면에, 뭐가 하나라도 더 보고 배우겠다고 하는 사람은 뭐가 그리 바쁜지 빨리빨리 움직이는 모습을 볼 수 있었다. 자신감이 결여되어 있거나 의기소침해 있다면 어깨를 활짝 펴고 머리를 들고 평상시보다 10~20% 이상 더 빨리 걸어 보자. 자신감이 점차 강해지는 비전을 만들어 나갈 수 있을 것이다.

성공적인 삶을 살아가는 사람들의 모습을 유심히 살펴보면 공통적인 단계를 거쳤음을 알 수 있다.

첫째는 자신감 있는 비전을 갖고 있다. 적어도 성공한 사람 중에 '나는 안 돼.'라고 생각한 사람은 없다. 대부분 '난 할 수 있어.'라고 생각한 사람들이다. 주변 사람들이 "저 사람 뭘 믿고 저래?"라고 말할지라도 성공하는 사람들은 늘 자신감에 차 있다.

둘째는 자신감 있는 확고한 결심을 갖고 있다. 무서울 정도로 결심이 굳은 사람들이 성공한다. 일단 안이한 사람들은 성공할 수 없다는 이야기다. 당연한 이야기 같지만 쉽지 않다.

셋째는 자신감 있는 실천력을 갖고 있다. 여기서 실천력은 순간적으로 실천하는 능력이 아니라 꾸준히 실천하는 능력이다. 장애가 있고, 실패를 거듭하더라도 꾸준히 밀고 나가는 힘을 말한다.

넷째는 자신감을 갖고 고난에 대처하는 능력이다. 누구나 고난에 처한다. 하지만 성공하는 사람들은 그 고난을 잘 이겨 낸다. 즉 극단적이 아니라는 뜻이다. '난 끝났어.'라고 생각하지 않는다. '그래 고난이 왔어. 그러면 고통스럽지 뭐.' 이런 식으로 고난에 대해 담담한 사람들이 성공하는 법이다.

다섯째는 자신과 가족과 친구들을 소중하게 여기는 사람이다. 주변 사람을 소중하게 여기지 못하는 사람은 결코 진정으로 성공할 수 없다. 성공한 사람들은 주일이나 휴식을 의미있게 사용할 줄 알고 마음을 나누는 친구가 있다. 또 성공한 사람들은 의외로 탐욕스럽지 않고 서두르지 않으며, 인내하고 기다릴 줄도 안다.

'벤자민 프랭클린(Benjamin Franklin)' 하면 어떤 생각이 먼저 떠오르는가? 벤자민 프랭클린은 미국 건국의 아버지(Founding Fathers) 중 한 사람이다. 부모님에게서 신앙생활의 원리를 체득하였던 벤자민 프랭클린은 그 생활 원리가 평생을 지배하였다. 미국 달러에 등장하는 인물들은 대부분 미국의 초기 대통령들인데, 두 사람만 대통령 출신이 아니다. 그 중 한 명은 10달러에 등장하는 알렉산더 해밀턴이고, 또 한 명은 100달러의 주인공인 벤자민 프랭클린이다. 그는 미국 대통령이 아니었던 미국의 유일한 대통령으로 불리기도 하는데, 도대체 벤자민 프랭클린이 얼마나 위대한 사람이기에 이런 영광을 얻게 되었을까?

벤자민 프랭클린은 1706년, 미국 보스턴에서 양초 제조업자의 17

남매 중 15번째 막내아들로 태어났다. 그는 미국 초창기에 활동하던 유명한 문인이자 출판가로서 미국의 출판업에 큰 영향을 주었고, 대륙회의에서 펜실베니아에 대표로 참석하기도 했다. 또 영국의 지배에서 벗어나기 위해 토마스 제퍼슨 등과 함께 미국 독립선언서와 기초헌법의 뼈대를 만들었던 역사적인 인물이다. 이외에도 그는 독특하게 발명도 많이 한 훌륭한 발명가이기도 했으며, 피뢰침·다초점 렌즈·펜실베니아 화로 등 많은 것을 개발하였다.

그런데 이런 벤자민 프랭클린은 단 2년밖에 정규 교육을 받지 않았다. 그는 집안 형편이 어려워 학교를 자퇴하고 일을 해야 했지만 책에 대한 열정을 놓지 않았다. 그는 자신이 만들어 놓은 13가지 덕목을 평생토록 간직하고 실천하면서 최고의 역사적 인물이 되었다. 자신의 재능과 능력을 이용해 다른 사람들과 함께 더불어 상생할 공동체를 위한 선(善)을 구현하기 위해 도덕적이며 헌신적인 삶을 살았던 그는 공리주의(功利主義)에 투철한 전형적인 미국인으로 일컫는다. 공리주의는 공리성을 가치 판단의 기준으로 하는 사상이다. 곧 어떤 행위의 옳고 그름은 그 행위가 인간의 이익과 행복을 증가시키는 데 얼마나 기여하는가 하는 유용성과 결과에 따라 결정된다고 본다. 벤자민 프랭클린이 평생토록 간직한 성품인 13가지 덕목(Benjamin Franklin's 13 Virtues)을 통해 자신이 평생 지킬 13가지 덕목을 정해 보는 것도 좋을 것이다.

1) 절제(Temperance) : 배부르도록 먹지 말라. 취하도록 마시지 말라.
2) 침묵(Silence) : 다른 사람이나 나에게 도움이 되지 않는 말은 삼간다. 즉, 자타에 이익이 없는 말을 하지 말라. 쓸데없는 말은 하지 말라.
3) 질서(Order) : 물건은 제자리에 두어라. 일은 정한 시간에 해라.
4) 결단(Resolution) : 해야 할 일은 과감히 결심하라. 결심한 일은 반드시 실행하라.
5) 절약(Frugality) : 비싼 것은 사지 않고 낭비하지 않는다. 즉 자타에 이익이 없는 일에는 돈을 쓰지 말라.
6) 근면(Industry) : 시간을 아끼고 불필요한 일은 하지 않는다. 유익한 일에 종사하고 무용한 행위는 끊어 버려라.
7) 성실, 진실(Sincerity) : 남을 해치지 않고 속이지 말고, 편견을 버리고 공정하게 생각하라. 모든 언행은 공정하게 하라.
8) 정의(Justice) : 남의 권리를 침해하지 않고 나의 의무를 다한다.
9) 중용(Moderation) : 극단적인 것은 피한다. 내게 죄가 있다고 생각하거든 남의 비난과 불법을 참아라.
10) 청결(Cleanliness) : 몸, 옷, 집이 불결한 것은 결코 용납하지 않는다.
11) 평정(Tranquility) : 사소한 일, 불가피한 일에 대하여 화나 짜증을 내지 않는다.
12) 순결(Chastity) : 건강한 자손을 위해서만 부부생활을 하라. 감

각이 둔해지고 몸이 쇠약해지고 부부의 평화가 깨지고 소문이 나빠지도록 해서는 안 된다.

13) 겸손(Humility) : 예수와 소크라테스를 본받고 배워라.

생각, 바꾸고

삶의 흔적을 남기는 성공과 후회

> 대부분의 사람들에게 가장 위험한 일은 목표를 너무 높게 잡고 거기에 이르지 못하는 것이 아니라, 목표를 너무 낮게 잡고 거기에 도달하는 것이다.
>
> —미켈란젤로—

"기도하지 않고 성공했다면 성공한 그것 때문에 망한다."고 C.H. 스펄젼은 말했다. 신발시장을 개척하라는 사명을 띠고 두 사람이 아프리카 오지에 도착했다. A는 도착한 날 본사로 메일을 보냈다. "다음 비행기로 돌아가겠습니다. 현지인은 모두 맨발로 생활합니다. 여기서는 신발이 팔릴 가능성이 전혀 없습니다." B도 즉시 메일을 보냈다. "지금 당장 신발 5만 켤레를 보내 주십시오. 이 곳은 신발을 팔 수 있는 엄청난 가능성이 있습니다. 현지인은 모두 맨발입니다."

사람들 간에는 본래 거의 차이가 없으나 작은 차이가 커다란 차이를 만든다. 이 작은 차이는 바로 '태도'인데, 태도가 적극적이냐 소극적이냐 하는 것이다. 성공을 가르는 한 가지 요소만을 고르라면 적극적, 긍정적 사고방식, 즉 열정(passion)의 소유 여부라고 할 수 있다.

"구하라 그러면 너희에게 주실 것이요, 찾으라 그러면 찾을 것이요, 문을 두드리라 그러면 너희에게 열릴 것이니 구하는 이마다 얻을 것이요, 찾는 이가 찾을 것이요, 두드리는 이에게 열릴 것이니라(마태복음 7:7~8)."

'발타자르 그라시안(Balthasar Gracian Y Morales)'은 "생각을 조심하라. 왜냐하면 그것은 말이 되기 때문이다. 말을 조심하라. 왜냐하면 그것은 행동이 되기 때문이다. 행동을 조심하라. 왜냐하면 그것은 습관이 되기 때문이다. 습관을 조심하라. 왜냐하면 그것은 인격이 되기 때문이다. 인격을 조심하라. 왜냐하면 그것은 인생이 되기 때문이다."라고 했다. 사람의 모든 행위는 생각에서부터 시작된다. 머리의 생각으로 마음에 다짐하여 행동으로 옮기게 되는 것이다. 거꾸로, 행동부터 하고 마음에 다짐하며 생각해 보는 경우는 거의 없다. 그러므로 '생각-마음-행동-결과'라는 순서가 도출되는 것이다.

사람의 모든 일은 생각하기 나름이다. 병원에서 건강진단을 받다가 암이 발견되면 이제 나는 죽었다고 절망하여 생명이 더 단축되는 사례가 많다고 한다. 쉽지는 않지만, '이 암은 내게 온 손님이니 마음을 다스려 분노하지 않고 잘 이겨 내어 떠나 보내리라.'고 생각하며 치료하면 회복이 빠르다고 한다. 어떤 사람은 "하나님께 에프터 서비스를 신청해 놓았으니 곧 완전하게 치료해 주실 거야." 하면서 열심히 기도한다고도 한다.

요즘 문제가 되고 있는 자살의 원인은 다양하지만 주로 심한 우울

증과 경제적 파탄으로 인한 절망감을 이기지 못한 극단적인 선택이 대부분이다. 이런 기로에서 약물 치료를 하면서 '자살'을 '살자'로 바꾸어 생각하면 생과 사의 길이 달라진다. 또 '희망'과 '절망'은 글자 한 자 다르지만 그 생각 여하에 따라 생명까지 좌우될 수 있다. 또한 '된다'와 '안 된다', '할 수 있다'와 '할 수 없다'도 마치 점 하나의 차이인 '님'과 '남'의 의미가 정반대인 것 같이 실로 엄청난 차이와 결과를 가져오게 된다.

인간은 매 순간마다 생각하며 사는 존재다. 구름보다 태양을 보고, 가시보다 장미꽃을 보며, 어둠보다 빛을 보는 긍정적인 시각이 필요하다. 사람에게는 성공보다 성장이 우선이다. 성장 없는 성공은 있을 수 없고, 있다 하더라도 오만에 빠지기 쉽다. 그래서 약관의 나이에 너무 일찍 성공하는 것도 사실은 인품에 많은 문제를 가져 오는 경우를 종종 본다. 그러나 고생을 하며 눈물의 떡을 먹고 성장한 스타들이나 사람들은 성공한 뒤에도 그 정상을 누리기 위해 노력을 게을리 하지 않는다. 아니 결코 게으를 수가 없어 오히려 눈빛이 빛난다. 모두가 그렇게 바라는 성공을 위해서라도 '생각(영혼)의 힘'을 성장시켜 가야만 한다.

인생을 한 마디로 정의하면 '이미, 그러나 아직……'이라는 진행형이다. 이미 졸업을 했고, 취직을 했으며, 결혼을 하였고, 성인이 되었으며, 정상의 궤도에 올랐지만, 그러나 아직 미완성이기에 완성을 위한 꾸준한 성장과 준비가 반드시 필요하다.

사람이 이만하면 되었다고 생각하는 순간부터 넘어져서 내리막길을 만나게 된다. 대기업도 성공했다고 성장하기 위한 투자(R&D)를 멈추면 현상 유지를 즐기다가 주저앉게 된다. 그 올바른 성장 뒤에 주어지는 달콤한 열매가 바로 진정한 성공인 것이다. 그러므로 생각을 통한 말과 인격과 매사에 자신의 성장을 위한 노력이 필요하고 더불어 그로 인하여 배짱 있게 품어 주는 따뜻한 사랑의 심장도 지녀야 할 것이다. 날마다 매순간마다 자신의 앞날에 즐거운 시대를 준비하는 긍정적인 생각의 놀라운 힘을 체험해 가면 거기에 마침내 기적은 일어날 것이다. 기적이 별다른가! 나의 현재 모습에 감사하는 순간이 곧 기적이다.

사람은 죽을 때가 되면 지내온 일생을 회고하면서 보편적으로 세 가지를 후회한다고 한다.

첫째는 '베풀지 못한 것에 대한 후회'라고 한다. 가난하게 산 사람이든 부유하게 산 사람이든 죽을 때가 되면 '좀 더 주면서 살 수 있었는데…, 이렇게 긁어모으고, 움켜쥐어 봐도 별것 아니었는데…, 왜 좀 더 나누어 주지 못했고 베풀며 살지 못했을까? 참 어리석게 살았구나.' 자꾸 이런 생각이 나서 이것이 가장 큰 후회라고 한다는 것이다.

둘째는 '참지 못한 것에 대한 후회'라고 한다. '그때 내가 조금만 더 참았더라면 좋았을 걸. 왜 쓸데없는 말을 하고, 쓸데없이 행동했던가!' 하고 후회한다. 당시에는 자신이 옳다고 생각했다. 그것이 최선이라고 생각했고 그럴 수밖에 없었다고 생각했다. 그러나 지나고 보니 좀 더 참을 수 있었고, 좀 더 여유를 가지고 참았더라면 내 인생이 좀 달라졌을 텐데……. 참지 못해서 일을 그르친 것이 후회가 된다는 것이다.

셋째는 '좀 더 행복하게 살지 못한 것에 대한 후회'라고 한다. '왜 그렇게 빡빡하고 재미없게 살았던가, 왜 그렇게 짜증스럽고 힘겹고 어리석게 살았던가! 얼마든지 기쁘고 보람 있게 살 수 있었는데…….' 하며 복되게 살지 못한 것에 대해서 후회하며, 나로 인해 다른 사람들을 힘들게 한 삶을 살았던 것에 대해 후회한다고 한다.

죽음 앞에 선 인간의 광기와 생에 대한 열정을 다룬 『베로니카, 죽기로 결심하다』는 작가가 젊은 시절에 겪은 정신병원 체험을 바탕으로 쓴 47개국에 번역 소개된 베스트셀러이다. 열정 없는 일상에 빠져 꿈을 잃어버린 베로니카는 다량의 수면제를 복용하지만 눈을 뜬 곳은 정신병원이었다. 그녀에게는 1주일 남짓한 시간이 허락되고, 시한부 삶의 벼랑에서 죽음과 광기의 연금술적 드라마가 펼쳐진다. 꿈을 실현하는 데 필요한 한 줌의 광기에 대한 축복과도 같은 이야기, 영혼을 뒤흔드는 매혹과 경이로 가득하다. 사랑스러운 베로니카와 에뒤아르……. 삶의 권태에서 벗어나기 위해 죽음을 선택한 이가 죽음에 직면한 짧은 시간에서 오히려 삶에 대한 열정과 아름다움을 깨달아가는 매력적이고 사랑스러운 이야기이다. 비전을 향해 조금은 미쳐 보아야 한다. 삶에 대한 열정과 꿈을 잃지 말고…….

주변에서 가끔 '베로니카'와 같은 사람들을 만난다. 의욕도 희망의 끈도 놓아버린 채 방 안에 멍하니 앉아 있는 초점을 놓친 눈망울들을 보게 된다. 누가 저들을 절망의 늪에서 건질 것인가.

아고르 박사 처방은 적중했다. 베로니카가 사는 길은 '죽음' 밖에 없었기에 의사는 그 처방전을 썼던 것이다. 성경에 "살고자 하는 자는 죽을 것이요 죽고자 하는 자는 살 것"이라는 역설적 진리의 말씀이 있다. 사람이 삶에서 두려움과 근심 걱정의 올무에서 벗어나지 못하는 것은 잘 살기와 성공에만 집중하다 보니 '이러다 실패하면 어쩌나, 병들면 어쩌나, 자식이 잘못되면 어쩌나' 하며 스스로의 공상과 최면에 걸려서 그 고민들로 세상 사는 재미마저 상실하게 된다. 사람이 걱정하는 것은 90%가 일어나지 않을 '기우'에 불과하다는 통계가 있다. 정말 진정으로 질 높은 삶을 지향한다면 죽기를 각오하고 열정적으로 사는 것이다. "죽기 아니면 살기지."라는 말도 있다. 미래도, 직장도, 사업도, 건강도, 실패도 걱정하지 않고 오히려 도전하며 산다면 성공할 가능성이 그만큼 많게 될 것이다.

'베로니카'는 베라 이콘(vera icon : 참된 모습)이라는 라틴 어에서 유래되어 '베로니카'라고 부르게 되었으며, 마침내 전설상 여인의 이름이 되었다고 한다. '베로니카'는 1세기, 팔레스타인에서 골고다 언덕으로 십자가를 지고 가는 예수의 얼굴에 흘러내리는 피땀을 자신의 수건으로 닦아 주었다고 전해지는 예루살렘의 어느 한 여인이다. 중세 유럽 때, 그녀의 이름을 그리스 어로 '승리를 가져오는 자' 라는 뜻의 '베레니케'와 연관시켰다. 사실 오늘날 우리 주위를 살펴보면 각종 사건과 사고들, 경제적 한파와 건강 문제, 심지어는 지진 등 천재지변, 구제역 바이러스까지 공포의 요인이 되고 있다. 이런 현실 앞에서 살려고만 생각하면 모든 것이 스트레스와 두려움의 연속이지만 '그까짓 거' 하면서 각오를 다지면 삶에 대한 용기와 담대함이 생기고 일상에 활력과 에너지가 생성되어 열정의 윤활유를 만들어 낼 수 있을 것이다.

'어려운 일' 과 '불가능한 일' 의 차이는 '소년 다윗과 골리앗의 싸움' 을 통해 잘 알 수 있다. 소년 다윗이 거인 골리앗을 물리칠 것으로 예상한 사람은 아무도 없었다. 다윗의 무기는 고작 돌팔매였다. 사람들은 다윗에게 충고했다. "골리앗은 너무 크고 강하다(too big to hit)." 그러나 다윗의 생각은 달랐다. '그는 몸집이 너무 커서 돌팔매가 빗나갈 수 없다(too big to miss).' 사람들은 골리앗의 큰 몸집에 겁을 먹었다. 그러나 다윗은 골리앗의 큰 체구가 오히려 돌팔매에 맞을 가능성이 높다고 믿었다. 예상대로 다윗의 돌팔매는 골리앗의 머리에 명중했다.

성공한 사람들의 공통점은 어떤 상황에서도 결코 포기하지 않고 긍정적인 면을 바라본다는 점이다. 천재나 재주가 많은 사람들이 성공하지 못한 경우가 의외로 많다. 생각이 많아 부정적 관점의 작용으로 오류가 생기기 때문이다. 그러나 집념과 용기를 가진 열정적인 사람은 반드시 성공을 만들어 낸다. 보는 관점이 긍정적이기 때문이다.

이스라엘 진영의 사울 왕과 장군들의 관점은 2m가 넘는 거구 골리앗의 고함소리에 벌벌 떨고 기가 죽어 승리가 불가능하다는 관점이었지만, 다윗은 몸집이 크기에 물맷돌이 명중할 가능성이 많다는 긍정의 관점을 가진 것이다.

'어려운 일'과 '불가능한 일'의 차이는 간단하다. '불가능한 일'이란 '약간의 시간이 더 걸리는 일'일 뿐이다. 성공의 키워드는 긍정적인 바른 관점과 포기하지 않는 것이다.

> 생각,
> 바꾸고

축복받은 사람들의 도전정신

    1961년, 케네디 대통령은 60년대 말까지 달에 사람을 보내고 그를 지구로 무사히 귀환시킬 것이라고 선언했다. 전혀 불가능한 비현실적 목표라는 공격에 그는 "쉽기 때문이 아니라 어렵기 때문에 그런 일을 한다."고 덧붙였다. 쉽게 달성할 수 없는 도전적 목표야말로 동기를 부여하고 에너지를 불러일으키는 촉매가 된다. 이런 목표에 도전했다 실패하는 것은 손쉬운 성공보다는 훨씬 가치가 있는 것이다.

    장애를 극복한 네 손가락의 피아니스트 이희아, 양손을 모두 합쳐도 손가락이 네 개뿐인 희아는 다리마저 남들보다 짧다. 하지만 훌륭한 피아니스트가 되겠다는 꿈만은 보통 아이들에게 뒤지지 않았다. 이희아의 자전적인 이야기를 동화로 구성해 어린이들에게 미래를 향한 도전, 장애를 극복하는 의지 등을 보여 주고 있다. 네 손가락이라는 신체적 한계 때문에 희아는 피아니스트가 되고 싶은 꿈에 대해 심각하게 고민하고, 주변의 몰이해로 고통을 받는다. 하지만 음악을 들으며 즐겁고 기뻤던 마음을 다른 사람에게 전하고 싶은 희아는 또다시 피아노 앞에 앉아 연습을 시작했다. 소리가 나기까지 3개월이나 걸리고, 매일 열 시간씩 피아노 연습을 한 희아는 전국 학생음악 연주 평가대회에서 유치부 최우수상을 수상한다. 이후 전국 장애인 예술대회 최우수상을 수상, 세계 각국으로부터 초청 공연을 받는 등 세계적인 피아니스트로 거듭났다. 자신의 신체 장애를 훌륭하게 극복한 이 희아는 연주회 등에서 생긴 수익금의 일부를 장애인 복지에 기부 활동까지 하고 있다.

　콤플렉스를 극복하고 정상인보다 더 가치 있고 아름다운 삶을 사는 것은 행복한 일이다. 사람은 살아가면서 자신의 재주와 개성을 개발하여 남보다 더 뛰어난 사람이 되고자 노력하면서도 평범한 보통사람으로 살아가기를 희망하는 이중적 성격을 가지고 있다. 남과 다른 신체로 생활하는 것은 이러한 평범한 삶을 살아가기조차 어려운 일이다. 키가 너무 커서 버스의 천장 높이 때문에 고민하고, 키가 너무 작아서 콤플렉스를 가지고 생활하게 되고, 한쪽 눈이 보이지 않아서 장애인의 삶을 살아가고, 너무 뚱뚱해서 또는 너무 말라서, 머리카락이 너무 많이 빠져서 등등의 장애를 가지고 사람들은 살아간다. 심지어 세상의 방식이 오른손잡이에게 익숙한 구조로 되어 있어서 왼손잡이가 살아가는 것을 불편하게 느끼게도 한다.

호주에서 태어난 닉 부이치치(Nick Vujicic, 1982) 청년, 두 팔과 다리가 없지만 누구보다도 행복한 모습으로 사람들에게 뜨거운 감동을 주고 있다. 사지 결핍에도 불구하고 그는 파도타기와 수영, 골프와 축구를 하고 있다. 이것은 그의 마음속 포기하지 않는 힘이 팔다리 없는 몸이라도 못할 건 없다는 걸 말해 준다. 그는 사지 없이 생활하면서 육체적으로 장애가 있는 사회 조직의 설교자이며, 지도자이다. 그는 무력과 희망에 관하여 정기적으로 세계에 돌아다니며 강의한다.

닉 부이치치는 세르비아 출신의 신실한 목회자인 아버지 보리스와 어머니 두쉬카 사이에서 장남으로 태어났다. 자아를 자각하는 나이인 8세 이후 세 번이나 자살을 시도했을 정도로 닉 부이치치에게 있어서 장애는 가장 큰 시련이었다. 그러나 그는 부모의 전폭적인 사랑과 기도 아래 건강하게 자랄 수 있었다고 한다. 부모의 입장에서 보면 사랑하는 자식의 고통스런 장애 생활을 지켜보는 고통은 말로 표현할 수 없었을 것이라고 생각한다.

사람들이 닉 부이치치에게 "왜 그렇게 행복하세요?"라고 물을 때마다 그는 솔직하게 답한다고 한다. 그런 자신에게도 한없이 절망했던 때가 있었다. 태어날 때부터 외모 때문에 아이들로부터 '괴물'이나 '외계인' 같다는 놀림을 당하고 나서 세 번의 자살을 시도했다. 그에게는 출구가 보이지 않는 삶이었고 땅을 치며 슬퍼했고 끝없이 우울했다. 늘 마음이 아팠고 항상 부정적인 생각에 짓눌렸다. 어디를 봐도 출구를 찾을 수 없었다고 말한다.

그런 그가 마침내 절망 가운데 행복으로 통하는 문을 찾았다. 그 후 그는 달라졌고, 자신의 삶을 희망으로 가득 채웠다. 자신이 정한 한계를 뛰어넘고 싶었다고 한다. 그래서 그는 날마다 기도하고 도전했다.

"난 정말 축복받은 사람이다. 지금 나는 그 누구도 상상하지 못했던 인생을 즐기고 있다. 나는 내 삶을 사랑한다. 삶의 즐거움을 맛보고 싶다, 마지막 한 방울까지. 내 앞에는 숨 막히도록 멋진 삶이 펼쳐져 있기 때문이다. 언젠가는 부드럽게 움직이는 팔다리를 만들어 줄 과학자와 발명가들이 나오겠지만 지금의 나는 그 가능성만 믿고 기다리기보다 모든 일을 손수 처리할 힘을 기르기로 결심했다. 하나님께 영광을 돌리는 삶을 살라. 한 줌의 에너지도 남기지 말고 다 쏟아 부으며 살라. 나는 내 삶에 한계가 없다고 믿는다. 나는 날마다 기도하고 도전한다. 팔다리가 없지만 나는 뭐든지 다 할 수 있는 온전한 사람이다. 하나님은 단 한순간도 나를 포기하신 적이 없다. 그래서 나 자신도 나를 포기하지 않는다. 불러 주는 곳이면 어디든지 가리지 않고 온 세상을 돌아다니며 사람들에게 소망을 심어 줄 수 있다니, 얼마나 멋진 삶인가! 이 시대를 사는 누구든 크고 작은 고통을 겪을 수 있다. 다만 그 고통을 혼자 이겨 내려 하지 말고 자기 자신보다 더 큰 고통을 겪고 있는 사람들을 아무 말없이 껴안아 주는 것만으로도 그들에겐 기적을, 자신에겐 축복을 선물하는 일이다."

개구리 한 마리가 우리에게 깨닫게 해 주는 좋은 예화가 있다. 미국 코넬 대학의 실험실에서 '개구리 적응 실험'을 했다. 개구리는 수온이 15℃일 때 가장 기분이 좋은 상태로서 헤엄을 친다고 하는데, 그 상태에서 1℃, 2℃씩 온도를 서서히 높여 주면 20℃, 30℃를 넘어도 '아~, 따뜻해 좋구나.' 하면서 계속 헤엄을 치며 다닌다. 그 후 45℃가 되면 헤엄을 치다 자신도 모르게 죽어버리고 만다는 것이다. 물론 처음부터 45℃의 물에 개구리를 넣었다면, '어휴, 뜨거워라.' 하면서 뛰쳐 나와 살아 남겠지만, 서서히 온도를 올려 주면 개구리는 온도 변화를 느끼지도, 알아차리지도 못한 채 죽어버린다는 것이다.

사람들도 갑작스런 변화에는 민감한 반응을 보이지만 조금씩 영혼이 썩어 들어가는 것에는 둔감하다. 특히 성공한 사람들이나 규모가 큰 조직 속에 있는 사람들은 서서히 나타나는 환경의 변화를 느끼지 못하거나 현상 유지하는 데 급급할 수가 있다. 그렇기 때문에 '지금 이대로가 좋다.'는 현상 유지에서 벗어나기 위해서는 항상 문제의식을 갖고, 우리에게 다가올 변화를 예측하여 대체하는 적극적인 발상의 전환이 필요하다. 즉 작년에 하지 않았던 일을 찾는다거나, 다른 선례가 없는 창조적인 일을 만든다거나, 시키지 않은 일을 찾아서 솔선수범한다거나, 창조적인 업무 개발을 하여 두 번 하던 일을 한 번으로 줄이고, 쓸데없는 일을 찾아 없애 버리는 의식의 전환이 중요하다고 볼 수 있다. 현상 유지만 하겠다는 자만심에 빠져 있다면 그 조직이나 개인의 활력은 떨어질 것이고, 오직 남는 것은 퇴보뿐일 것이다.

런닝머신 위에서는 아무리 열심히 뛰어도 항상 제자리에 있는 모습을 볼 수 있다. 이것은 곧 '지금 이대로가 좋다.'는 식의 현상 유지를 즐기면서 변화가 없기 때문이라고 볼 수 있다. 우리의 의식을 잘못 규정지어 놓은 현상 유지나 선입관적 고정관념이 우리들의 생활에 어떤 영향을 미치는지 좋은 사례를 살펴보자.

 오래 전 연극계에서는 배우가 연기를 하면서 관객들을 향하여 '등'을 돌려서는 안 된다는 전통이 불문율처럼 지켜 오고 있었다. 그런데 어느 날, 한 배우가 자신의 배역을 연기하던 중 극적 연기를 위해서는 관객들을 향해 '등'을 보이면서 연기한다면 더 좋은 장면을 보여줄 수 있을 것이라고 생각하였다. 그러나 연극계에서는 '등을 돌려서는 안 된다.'는 연극계의 공공연히 전해지는 전통 때문에 고민했다. 잠시 후 그는 극적인 연기 장면을 보여 주기 위해서는 지금까지의 전통을 과감히 무시하고 '등'을 보이면서 연기할 것으로 결정했다. 마침내 관객들은 지금까지와는 전혀 다른 배우의 파격적인 행위에 큰 반응을 보이면서 우레와 같은 박수와 찬사를 보냈다. 이것은 지금까지 감히 생각지도 못했던 선입관적 고정관념의 전통이 얼마나 비생산적이고 비능률적이었는가를 단적으로 보여 준 좋은 예라고 볼 수 있다. 또 선입관적 고정관념의 전통이 우리들이 창조적인 생각을 하는 데 얼마나 많은 방해를 하고 있는가를 잘 보여 주고 있다.

 선입관적 고정관념을 가진 사람들의 공통적인 특징은 항상 부정적이고 소극적인 생활을 하고 있는 경우가 있다. 선입관적 고정관념이야말로 자기가 자신을 과소 평가하면서 자신과 조직을 과거에 머물게 하는 치명적인 바이러스가 되고 있다는 사실이다. 새로운 것을 창조한다는 것은 우리가 알지 못하는 세계에 대한 도전정신에서 시작된다. 새로운 것을 찾아 내거나 새로운 것을 만들어 내기 위해서는 현실 안주나 현상 유지 등 과거로부터 해내려 오던 방법에서 벗어나려는 과감한 '도전정신'이 필요하다. 그리고 '지금 이대로가 좋다.'는 현상을 타파하거나 현상 유지에서 벗어나려는 것은 곧 도전이면서 창조적인 일이다. 그러므로 도전정신이 없는 사람은 고정관념에서 벗어날 수도, 창조적인 일을 할 수도 없다.

최근, 기업들의 인사평가제도는 '감점방식'에서 벗어나 점수를 더해 주는 '가점방식'으로 바뀌고 있다. 종전에는 실패나 실수의 원인이나 과정을 불문하고 무조건 감점을 주는 것이 대부분이었지만 최근에 와서는 불법부정행위로 회사에 막대한 피해를 입히는 것을 제외한 신상품 개발이나 창의적인 업무 개발에 도전하다가 나타난 실패나 실수는 감점으로 평가하지 않는 새로운 인사고과제도가 시행되고 있다. 또한 현대의 기업들은 도전하여 실패한 것보다 도전한 것 그 자체를 더 중요시하면서 고정관념이나 현상 타파를 위한 새로운 것을 창조하기 위해 끊임없이 도전하는 사람이 바로 21세기가 요구하고 있는 인물임을 강조하고 있다.

발명왕이자 실패자의 왕 '에디슨'은 세계 역사상 가장 뛰어난 발명가였다. 그러나 에디슨이 전기를 발명하기 전까지는 약 1237번이나 실패를 했다. 실패할 때마다 주위 친구들이 보기에 안타까워 그만두라고 하면 에디슨은 이렇게 말했다.

"야~, 이 사람아! 이 일이 그렇게 쉬웠다면 벌써 다른 사람이 발명했을 걸세. 그러니깐 내가 발명해야 돼."

그리하여 에디슨은 1238번째에 성공했다는 것이다. 획기적이고 창조적인 일을 만들어 내기 위해서는 과감한 도전정신을 발휘할 수 있는 용기와 지혜를 만들어 나가야 한다.

생각,
바꾸고

흥! 문화와 유대인의 교훈

　누군가 할 일이라면 내가 먼저 하고, 언젠가 해야 할 일이라면 지금 하고, 꼭 해야 할 일이라면 즐겁게 해야 한다. 열정과 활력은 비전의 산물이다. 목표는 불타는 욕구와 강렬한 자신감을 불러일으키고 확실한 결정을 내리게 한다. 목표가 확실한 사람은 아무리 거친 길이라도 앞으로 나아갈 수 있다. 그러나 목표가 없는 사람은 아무리 좋은 길이라도 앞으로 나아갈 수 없다.

　이어령 교수에 의하면, 우리나라가 오늘날 그래도 이만큼 잘 살게 된 이유는 '코흘리개 아이들' 때문이라고 한다. 콧물 주루룩 흘리면서, 빨아 먹으면서 했던 어린이들 때문이라는 것이다. 요즘은 그런 애들이 없지만 옛날에는 학교에 가면 많은 아이들의 누런 콧물이 입술 위에까지 내려왔다. 혀로 빨아 먹고 소매로 쓱 닦고 하여 부모나 이웃 어르신들께 늘 듣는 말이 "야! 코 흥해라, 흥!" 또 종이를 대놓고 "흥해라 흥!"이라는 말이었다. 이어령 교수는 '흥하라는 것은 잘되라는 말' 이면서 하도 시골이나 도시 할 것 없이 부모들이 자식들 보고 "흥하라. 흥! 흥하라 흥!" 하니까 자식들이 다 흥해서 요사이 잘살게 되었다는 것이다. 유머스럽긴 하지만 의미 있는 말이다. '흥하라'고 하는 것과 망하라고 하는 것은 다르다. "망해라 이놈아! 빌어먹어라 이놈아!" 그러면 망하고 빌어먹을 것인데, 원하든 원하지 않든 무의미하게도 흥하라 흥하라, 애는 그것도 모르고 흥했지만 흥하고 만 것이다.

표현하는 말이 얼마나 중요한가는 유명 가수들의 이야기를 통해서도 알 수 있다. 가수는 대개 가장 히트한 곡대로 된다고 말한다. 히트해서 음반이 많이 팔리고 사람들에게 칭찬을 받는, 그 부른 노래대로 그 인생이 변한다는 것이다. 왜 그런가 했더니, 가수가 노래 한 곡을 히트시키려면 그 한 곡을 대개 5000번 이상 불러야 된다는 것이다. 그러니까 그 말을 자꾸 노래로 불러서 하니까 그것을 입으로 시인해서 그대로 된 것이다. 가수 송대관이 부른 노래 중 〈쨍하고 해 뜰 날〉이 있다. 송대관은 그 노래를 부르기 전에 어떻게 살았는가? 가난하고 헐벗고 굶주리고 구두닦이를 하면서 〈쨍하고 해 뜰 날〉을 계속 불렀다. 그러자 실제로 그 인생이 '쨍' 하고 '해 뜰 날'이 되고 만 것이다. 가수에서 목회자로 제2의 인생을 살고 있는 윤항기 목사, 한때는 되는 일이 없었다고 한다. 왜냐하면 〈장미빛 스카프〉라는 노래를 불렀는데, "내가 왜 이럴까 ~ 허전한 이 마음을 어떻게 달래보나 내게서 떠나버린 장미빛 스카프"와 같이 가사 속에 나타난 단어들을 보면 긍정적인 언어가 없다. 그 후 〈나는 행복합니다〉라는 노래를 부르면서 인생이 바뀌게 되었다는 것이다. 평범한 것 같지만 우리가 늘 생각하고 말하고 부르는 노래대로 되는 것이다. 늘 슬픈 노래를 부르는 사람은 슬픈 인생을 살게 되는 것이다. 늘 좋은 노래를 부르고 긍정적이고 밝고, 맑고, 환한 노래를 부른 사람은 또 그대로 되는 것이다. 그러니 생각하고, 보고, 표현하는 말이 얼마나 중요한가!

언젠가 KBS 1TV에서 방영된 〈대한민국의 미래 스포츠로 말하다〉, 하버드 대학의 운동벌레들 편에서는 학습능력을 향상시키고 학교생활의 만족도를 높일 수 있는 운동의 필요성을 조명하였다.

서울대 역도부 출신의 고재영 박사는 운동을 통해 운동이든 공부든 하는 순간에 집중하는 하버드식 시간 관리를 스스로 터득해 어려운 의대 공부를 마쳤다고 한다. 운동을 하면 뇌가 활성화되고 발달하는데, 이런 운동은 성장기 때 하는 것이 중요하다고 한다. 실제로 일란성 쌍둥이 600명을 대상으로 실험해 본 결과, 운동을 한 그룹이 그렇지 않은 그룹보다 IQ와 성적이 더 높았다고 한다. 몸이 건강해지면 더 똑똑해진다는 것이다. 그래서 학창시절은 운동을 많이 해야 할 중요한 시기라는 것이다. 하버드대 학생들은 좋은 대학에 들어가고 1등을 하는 것만이 목표는 아니라고 한다. 운동을 통해서 자신의 평생 건강을 지키고 이러한 건강을 바탕으로 얻어지는 학업 성취가 중요하다고 생각한다. 더 중요한 것은 하버드대 학생들은 어렸을 때부터 자연스럽게 이러한 습관을 길러 왔다는 것이다.

흔히 '유대인'을 떠올리면 탁월한 자녀 교육으로 노벨상 수상자를 가장 많이 배출한 민족이라는 인식들을 가지고 있다. 유대인의 인구 수는 전 세계에 걸쳐 약 1450만 명이다. 이들의 우수성은 노벨상 수상자의 약 3분의 1을 차지한다. 미국의 변호사 20%가 유대인이며, 미국에 있는 4백여 명의 재벌 중 23%가 유대인이다. 미국 대학 교수 중 유대인이 25~35%나 된다. 유대인들은 그들의 자녀들을 3살 때부터 성경 말씀을 읽히고 암송시키면서 교육을 시작한다. 원래 인간은 유아기(7세까지)에 그 인격의 뼈대가 90% 정도 형성된다고 한다. 유대인들은 자녀의 유아기에 그들의 무의식과 인격 속에 성서적 가치관을 세우도록 애쓴다. 그들은 중고등학생기에는 오전에 성경 말씀만 교육받고 오후에야 비로소 일반학과를 공부한다. 성인이 되어서도 의식적으로 배운 바 성경적 교훈대로 다른 학문도 사용하도록 훈련된다. 그러므로 그들은 대학에 들어가서도 변함없이 성경의 교훈과 가치관을 따라 자신의 미래를 만들어 간다. 성경 말씀은 삶의 전 분야를 다 포함하고 있기 때문에 자연히 전인적 교육이 될 수밖에 없다. 대인관계와 경제문제를 배우고, 정치와 윤리문제도 배운다. 교육과 종교예식에 대해서도 배운다. 이렇게 배워 나가다 보면 대학교에 가서 어느 한 분야만 집중적으로 공부하기까지는 전인적 교육이 시행된다.

과학자 아인슈타인, 정신분석학자 프로이트, 페이스북을 만든 마크 주커버그, 구글의 두 청년 창업자 세르게이 브린과 래리 페이지, 영화감독 스티븐 스필버그, 투자의 귀재 조지 소로스, … 이들의 공통점은 바로 유대인이다. 세계 인구의 0.2%에 불과한 유대인은 정치, 경제, 사회, 문화 등 모든 분야에서 두각을 드러내는데, 이는 유대인의 자녀 교육에서 나온다고 말한다.

실제로 유대인들이 자녀들을 어떻게 키우는지 살펴보면 좀 더 이해하기 쉽다. 예를 들어 아이가 "전기는 뜨거운 물질이에요, 찬 물질이에요?", "냉장고가 어떻게 얼음을 만드는 거예요?"라고 질문하면 유대인 아빠는 어떻게 반응할까? 이들은 바로 정답을 말해 주지 않고 아이에게 스스로 답을 찾아가도록 유도해 준다. 유대인인 스티븐 스틸버그는 식탁에서, 식후에 차를 마시면서, 또는 산책하면서 아이들과 이야기를 많이 한다고 한다. 이런 과정에서 아이들의 문제 해결 능력이 키워진다는 것이다. 이렇게 해서 아이들의 문제 해결 능력이 어느 정도 컸다 싶으면 유대인 부모는 감당하기 어려운 일이나 과제를 자녀에게 맡긴다. 예를 들어 한 번도 편지를 부쳐본 적이 없는 아이에게 우체국에 가서 외국에 물건을 택배로 보내고 오라는 심부름을 시키는 것이다. 아이가 못하겠다고 하면 잘 생각해 보거나 주변에 물어보면 답이 있다고 격려하며 응원한다. 만약 실패하더라도 아이가 최선을 다했다면 문제 해결을 위한 노력의 과정을 높이 평가하고 칭찬해 준다.

이는 우리나라 부모들이 자녀가 어려움에 처했을때 먼저 나서서 해결해 주는 것과는 사뭇 다른 모습이다. 학교에 다녀온 아이에게 유대인 엄마는 "선생님 말씀 잘 들었니?"라고 묻지 않고 "오늘 선생님께 어떤 질문을 했니?"라고 묻는다. 이렇게 질문을 한다는 것은 수업에 적극적으로 참여하고 능동적으로 학습하는 것을 의미하기 때문이다. 이런 교육은 유아원·유치원 교육에서부터 '양탄자 수업'이라는 형태로 진행된다. 이 수업은 양탄자 위에 둥그렇게 모여 앉아 교사가 읽어 주는 책이나 주제에 대해 서로 의견을 나누고 선생님께 질문하는 식으로 진행된다. 교사는 아이들이 단 한 마디라도 대화와 토론에 참여하도록 유도하고 어렵게 말문을 열고 참여한 아이들을 칭찬하며 격려해 준다. 이러한 사소한 차이가 질문과 토론이 가능한 아이, 창의적인 아이를 만드는 원동력이다.

유대인은 4살이 되면 국립 유치원에 가는데, 숫자나 문자 교육을 시키지 않는다. 그 대신 유대인은 그림 그리기, 노래, 각종 역할 놀이, 체험을 중시한다. 또 각종 활동을 할 때도 4~5명이 그룹을 지어 활동하게 함으로써 경쟁의식보다는 공동체 의식을 키워 나가도록 한다. 이런 모습은 유치원 시기뿐만 아니라 초·중·고를 거쳐 대학 시기까지 이어진다고 한다.

3~4세부터 한글 학습지를 시키고 학습 중심으로 흘러가고 있는 우리나라 유아교육 풍토와는 좀 다르다는 것을 알 수 있다. 한국 학생들의 '학력'은 겉보기로는 세계 최고 수준이다. 2009년 학업성취도

국제 비교 연구(PISA)에서는 경제협력개발기구(OECD) 국가 중 읽기·수학 1~2위, 과학 2~4위를 기록했을 정도다. 2007년 수학·과학 성취도 비교 연구(팀스 TIMSS, Trends in International Mathematics and Science Study))에서는 수학 2위, 과학 4위였다. 그러나 공부에 대한 '자신감'과 '흥미도'는 성취도와 달리 밑바닥 수준이라는 점을 주목해야 한다. 2007년 TIMSS 조사에서 한국 학생 중 수학 과목에 자신감이 높다는 학생 비율은 29%밖에 안 됐다. 전체 조사 대상 49개국 중 43위다. 이스라엘이 59%로 1위, 미국이 53%로 6위, 스웨덴은 49%로 12위다.

남보다 뛰어난 영재로 키우기보다 자신만의 개성으로 타인과 잘 협조해 문제를 해결하는 것을 중시하는 유대인들, 왜 세계적인 인물들이 많은 것일까? 그들은 어쩌면 숫자에 불과한 성적보다는 세상을 살아가는 데 필요한 문제 해결 능력, 자신감, 호기심을 갖고 있기 때문은 아닐까? 지식보다는 지혜가, 경쟁심보다는 공동체 의식이 자식 교육에 있어 우선임을 보여 주고 있다.

생각, 바꾸고

세상을 바꾸는 힘, 이타적 행동

> 원래 습관의 족쇄란 너무도 가벼워 느낌조차 없다가도, 시간이 흐를수록 점점 무거워져 결국에는 다리를 절단 내고 만다. 내 나이쯤 되면 습관을 바꾼다는 것 자체가 거의 불가능해진다. 이미 습관의 노예가 되어 버린 것이다. 오늘 당장 좋은 습관을 택해 실천하겠다고 다짐하면 여러분은 머지않아 그 습관을 자신의 것으로 만들 수 있다.
>
> -워렌 버핏-

"어느 한 사람을 구하는 것은 축복이다. 어린이 100만 명을 구하는 것은 신이 주신 기회이다." 오드리 헵번의 이 말은 전 세계 신문에 헤드라인이 되었고 세계적인 기부문화를 불러일으켰다.

"가난한 사람들에게 가장 필요한 것은 동정이 아니라 사랑입니다. 그들은 다른 이들과 더하지도 덜하지도 않은 자신들의 존엄성이 존중받는다고 느낄 필요가 있습니다. 나는 모든 사람에게서 하느님을 봅니다. 내가 나환자의 상처를 씻어 줄 때 나는 하느님 바로 그분을 돌보아드리는 듯한 느낌을 갖습니다. 이 얼마나 아름다운 경험입니까."
(테레사 수녀, 1974년 인터뷰에서)

"쌓아두면 쌓아둘수록 줄 수 있는 것이 적어집니다. 가진 것이 적으면 적을수록 나누는 방법을 제대로 알게 되지요. 기도는 신앙을, 신앙은 사랑을, 그리고 사랑은 가난한 사람을 위한 봉사를 낳습니다."
(테레사 수녀, 1977년 인터뷰 중에서)

"10년이 넘는 봉사활동에 남들은 대단하다고 하지만 누구든 나 같은 경험을 하면 똑 같은 마음이 될 것입니다."(탤런트 김혜자)

이것이 바로 세상을 바꾸는 힘, '이타적 행동'이다.

사람들은 '왜 헌혈을 할까? 또 익명으로 수백만 원 또는 수천만 원을 불우이웃 돕기 성금을 내는 사람들은 왜 그렇게 할까? 재해가 났을 때 자원봉사하는 사람들은?', 이런 행동을 가리켜 '이타적인 행동'이라고 한다. '이타적인 행동'은 남에게 이득을 주지만 정작 자신에게는 비용이 드는 행동을 말한다. 그 비용이 돈이든 노동이든 말이다. 주변에서 이렇게 이타적 행동을 하는 사람을 보면 이런 말을 한다. "인품이 참 훌륭하다." 그런데 실제로 실험을 해 보면 적게는 20% 많게는 50%에 달하는 사람들이 이런 이타적 행동을 하고 있다는 것이다. 그렇게 한다고 해서 자신의 미래에 어떤 보답이 보장된 것도 아닌데, 또 그렇게 하면 자신에게 큰 위험과 희생이 따른다고 충분히 알려주었는데도 결과는 다르지 않다. 그러니까 우리 주위에 있는 많은 사람들은 자기 자신의 이득에만 눈이 먼 사람들이 아니라는 것이다.

학자들은 왜, 혹은 어떻게 이런 일이 일어날 수 있는지 고민하고 연구하기 시작했다. 그러던 중에 흥미로운 사실을 하나 발견했다. 헌혈하는 사람들에게 일정액의 돈을 주었더니 헌혈하려는 사람들이 오히려 줄어들더라는 것이다. 왜일까? 대가로 돈을 받으니 헌혈을 할 때 느끼는 심리적인 만족감, 기쁨 등 이런 것들을 느끼지 못하더라는 것이다. 사람들은 마치 돈을 받고 피를 파는 것 같은 느낌을 받았던 것이다. 자신은 남을 위해서 일했는데도 말이다.

전주시 얼굴 없는 천사의 선행이 시작된 것은 2000년 4월. 당시 노송 2동 사무소를 찾은 '천사'는 58만 4,000원이 든 돼지저금통을 놓고 사라졌다. 12년 동안 12차례에 걸쳐 전달된 성금은 12월 크리스마스 전후로 기부를 하고 있으며, 총 기부액은 2억4000만 원에 달한다. 2010년에는 과거 10년간의 성금액 8,100여 만 원과 맞먹는 8,026만 원을 한꺼번에 내놓은 뒤 쪽지를 남겼다. 쪽지에는 "대한민국 모든 어머님들이 그러셨듯이 저희 어머님께서도 안 쓰시고 아끼시며 모으신 돈입니다. 어려운 이웃을 위해 쓰여졌으면 합니다. (추신) 하늘에 계신 어머님께 존경합니다, 사랑합니다." 이렇게 하늘에 계신 어머니께 전하고 싶다는 말이 쓰여 있었다.

1960년대, 미국에서 한 여인이 자신이 사는 아파트 근처에서 수많은 주위 사람들에게 도움을 청했지만 아무 도움도 받지 못하고 잔인하게 피살당한 사건이 있었다. 이 여성은 주위의 수많은 사람들에게 절박하게 도와달라고 요청했다. 그러나 그 누구도 이 여성을 위해 작은 도움 하나 베풀지 않았다. 그 많은 사람들 중 그 누구도 돕지 않았고 경찰에 신고도 하지 않은 채 방관적 태도를 취했다는 점에서 이 사건은 전 미국에 이슈가 되었다. 왜 수많은 사람들이 위험에 처한 여성을 돕지 않았고, 또 신고조차 하지 않았을까? 이 사건을 계기로 조건 없이 돕는 이타적 행동의 필요성과 절실함이 인식되었고, 사회심리학자들은 이타적 행동에 관한 연구에 관심을 기울이기 시작했다. 사람들은 어떠한 동기에서 남을 돕게 되는가? 자신에 대한 어떠한 이득 때문에 남을 돕게 되는 것인가? 남을 도와야 한다는 규범과 가치관이 남을 돕게 하는 주요 동기가 되는가? 남을 도와야 한다고 생각하면서도 남을 도울 때 따르는 위험, 경제적 비용, 불편함, 두려움 등이 이타적 행동을 저해하는가? 아니면 그러한 손실이 예상된다 해도 남을 돕게 되는 것은 진정으로 남을 위하는 마음에서 이루어지는 행동인가?

이타적 행동은 행동의 동기가 어떠한가에 따라 정의된다고 할 수 있다. 우리는 흔히 타인에게 도움을 주기 위해 자신의 목숨까지도 기꺼이 바치는 경우를 종종 볼 수 있다. 반면 주위 사람들의 철저한 무관심으로 인하여 벌어진 끔찍한 일들도 있다. 사람들은 왜 자기 자신을 희생하면서까지 이타적 행동을 할까? 혹은 작은 이타적 행동으로 상대방이 커다란 도움을 받을 수 있는데도 왜 이를 외면하는 것일까? 이에 대하여 알아보는 것은 이타적 행동의 유무와 관련된 사회적 여러 현상들을 이해하는 데 커다란 도움을 줄 것이다.

인간은 왜 자기 자신을 희생하면서까지 다른 이를 위해 이타적 행동을 하는 것일까? 이러한 행동의 원인은 교육적인 측면에서 생각해 볼 수 있다. 아이들은 다른 사람의 입장을 생각하지 못하고 자기 중심으로 행동하기 때문에 장난감을 서로 가지고 놀겠다고 또래 친구들과 싸우거나 아파서 누워 있는 엄마에게 떼를 쓰며 울기도 한다. 그러나 자라면서 다른 사람의 입장을 생각하고, 불쌍한 사람을 돕는 등 이타적 행동을 하게 되면서 더욱 매끄럽고 원만한 대인 관계를 맺게 된다. 인간은 성장하면서 남을 도와주는 것에 관한 사회 규범을 학습한다. 가정, 학교, 교회, 지역 사회에서 어른들은 어린 아이들에게 다른 사람을 돕는 것이 선한 행동이며 다른 사람을 도와주어야 한다고 가르친다. 이러한 학습 이론이 바로 이타적 행동을 중요시 여기게 한다. 우리는 흔히 자신의 이익과 상관없이 다른 사람들을 돕는 사람들을 '타의 모범'이라고 여기며, 영웅시하기까지 한다. 이를 통하여 어렸을 때부터 타인을 돕는 이들을 관찰하게 되고, 이를 통하여 타인을 돕는 것을 실천하려고 한다.

무조건적인 이타적 행동과 관련하여 '카네기 훈장'이라는 것이 있는데, 이는 미국과 캐나다에서 영웅적인 행동을 한 사람에게 수여되는 훈장이다. 훈장 수여의 대상이 되는 행동으로는 첫째, 자발적인 행동이어야 하고 둘째, 자신의 목숨을 걸어야 하며 셋째, 당사자는 피원조자와 아무런 관계도 없는 사이여야 하며 넷째, 경찰관이나 소방관과 같은 직업 종사자가 아니어야 한다는 점이다. 이 네 조건을 만족시킨다면 순수한 이타적 행동이라고 할 수 있다는 것이다. 우리 주변의 많은 사람들은 아무런 보상도 없이 남을 위해 일하기도 한다. 이것이 바로 세상을 변화시키는 '이타적 행동'이다.

생각,
바꾸고
뒤집고
디자인하라

II

> 생각,
> 뒤집고

아는 것은 '힘', 행하는 것은 '위대한 힘'

자기 분야에서 인정받는 사람일수록 이렇게 말할 것이다.
"갈수록 연습할 게 더 많아져요."
국가대표 육상선수나 피아니스트 혹은 배우도 좋다. 그들에게 연습을 쉬어도 되겠다고 느낀 적이 한순간이라도 있는지 물어보라. 아마자기 분야에서 인정받는 사람일수록 이렇게 말할 것이다.
"갈수록 연습할 게 더 많아져요."

―에릭 버터워스 목사―

빌헬름 바크하우스(Wilhelm Backhaus), 그는 독일 출생의 스위스 피아노 연주자로서 제1차 세계대전부터 스위스에 귀화한 제2차 세계대전 후에도 각지에서 적극적인 연주 활동을 하여 '건반의 사자왕'이라 불렸으며, 베토벤과 브람스의 해석에 정평이 나 있다. 빌헬름 바크하우스는 "위대한 사람은 단번에 그와 같이 높은 곳에 뛰어오르는 게 아니다. 다른 사람들이 잘 시간에 그는 일어나서 괴로움을 이기고 일에 몰두했던 것이다. 인생은 자고 쉬는 데 있는 것이 아니라 한 걸음 한 걸음 걸어가는 데 있다."라고 말했다.

85세에 숨을 거두기 직전까지 4000회 이상 콘서트에 출연했던 빌헬름 바크하우스, 어느 날 연주가 끝난 후 한 음악잡지 기자가 물었다.

"선생님, 연주를 하지 않을 때에는 주로 무슨 일을 하십니까?"

물끄러미 기자를 쳐다보던 바크하우스는 무슨 그런 이상한 질문도 다 있냐는 표정으로 퉁명스럽게 대답했다.

"연주하지 않을 땐 연습하지."

엄숙한 얼굴의 '건반 위의 사자왕' 바크하우스의 집에는 아주 슬픈 모습의 광부 그림이 하나 걸려 있었다. 누군가 그것을 보고 물었다.

"선생님, 왜 저런 그림을 걸어 놓으셨습니까?"

20세기 최고의 피아니스트 중 한 사람인 바크하우스는 항상 이렇게 대답했다고 한다.

"그 그림은 내가 하는 일이 그가 하는 일보다 더 힘들지 않다는 것을 일깨워 준다네."

"아는 것은 힘이나 행하는 것은 위대한 힘이다(Knowledge is Power, but Action is Super Power.)."라는 말이 있다. 실천이 중요하고 행동이 중요하다는 뜻이다. 아무리 기발한 생각과 훌륭한 방법을 알고 있다 하더라도 행동으로 옮기지 못한다면 무슨 소용이 있겠는가? 성공한 사람들은 실천과 도전 속에 변화를 이끌어 내는 사람들이다. 아는 것과 알려 주는 것에도 많은 차이가 있다. 아는 것은 자신이 이해를 하는 것이고, 알려 주는 것은 남을 이해시키는 것이다. 아는 것은 자신의 수준을 기준으로 하기 때문에 자신의 수준에 맞는 학습 방법이나 참고서를 사용하면 되지만, 알려 주는 것은 아는 사람을 기준으로 하기 때문에 그 수준을 알아야 하고 그 눈높이에 맞추어 각각 다른 방법을 사용해야 하므로 쉬운 일이 아니다. "우유를 받아 마시는 사람보다 우유를 배달하는 사람이 더 건강하다."는 말이 있다. 행동이 중요하다는 말이다. 일정한 행동이 반복되면 습관으로 형성된다. 습관은 제2의 천성이다. 잘못된 습관 하나가 인생을 망치는 경우가 있다. 또한 사소한 좋은 습관 하나가 인생을 성공으로 꽃피우는 경우도 있다. 담배 때문에 건강을 잃은 사람들이 얼마나 많은가! 스트레스 때문에 화병을 얻는 사람들이 얼마나 많은가! '아는 것이 힘'이라는 말은 맞는 말이다. 알지 못하면 행하지도 못하기 때문이다. 하지만 안다고 해서 모든 사람이 행하는 것은 아니다. 어떤 이유에 의해서 그것이 옳다 하더라도 행하지 않는다. 아는 것은 하는 것의 필요조건이지 충분조건은 아니다. 행하는 것은 아는 것 위에서 행해진다.

"백사장(白沙場)에서 바늘 찾기"라는 말이 있다. 우리는 백사장에 바늘이 있다는 것을 안다고 하자. 넓은 백사장에 바늘이 하나 있다. 그것은 아는 것이다. 그렇다고 우리가 그것을 찾아야 할 이유는 없다. 안다고 해서 찾지는 않을 것이다. 단지 안다는 것이 행위를 유발하지 않는다. 목적이 없다면 백사장에 바늘은 없는 존재이다. 이제 우리는 목적을 가져야 한다. 모든 장애를 딛고 바늘을 찾아야 하는 이유를 찾을 수 있어야 백사장에서 바늘 찾기라는 행위가 이루어질 것이다. 단지 확률적으로 불가능에 가깝기 때문에 우리가 바늘을 찾는 것을 포기해야 한다면, 결국 아는 것이 힘이라는 말은 의미가 없다. 확률적으로 불가능에 가깝더라도 극소의 확률상의 희망을 붙잡을 이유가 있어야 행위가 일어난다. 우리는 바늘의 가치를 높여야만 한다. 바늘의 가치에 대한 명확한 인식, 다른 모든 가치를 능가하는 무엇이 있어야만 '바늘 찾기'라는 행위가 일어날 것이다.

행하기 위해서는 긍정적 인식과 사고를 가로막는 장애물을 제거해야 한다. 혹은 장애를 극복해야 한다. 우리는 그러한 명확한 인식만으로는 행위를 이끌어 낼 수 없다. 그 바늘이 내가 태어난 목적이라고 할지라도 '오랫동안 찾아야 한다는 지루함', '찾을 수 있을 것인가 하는 확신의 부족' 등과 같은 감정들을 극복해야만 한다. 인간은 쉽게 지치고 감정에 휘둘리기 때문이다. 즉 이러한 감정과 신체적 한계를 뚜렷한 의식과 목적을 향한 집념으로 극복해야만 처음에 원하던 그 '바늘'이라는 것을 백사장에서 찾을 수 있을 것이다.

그러나 우리가 만약 희박한 확률에 도전해야 한다면 단지 아는 것과 행동만으로는 부족할 것이다. '강한 의지'라는 것이 필요하게 될 것이다. 목표를 잡고 목표의 가치를 인식하고 목표를 실천하고 목표를 포기하지 않아야 한다는 것이다. 그것이 우리 자신이 해야 할 일이다. 의지를 시험하는 것들에 대한 대비도 미리 해야 할 것이다. 그러한 준비가 되어 있지 않다면 의지를 잃는 순간 목표도 잃어버리게 될 것이고 목표는 달성되지 못할 것이다.

서번트(servant) 리더가 되기 위해서는 '의지가 있어야 사랑을 베풀 수 있고, 사랑은 봉사와 희생정신을 발휘하게 되고, 봉사와 희생은 권위(개인의 영향력)를 만들어 내고, 권위는 곧 상대로부터 존경받고 인정받는 리더십을 발휘할 수 있다는 것이다.

요즘은 일반인들도 최첨단 기술의 혜택을 톡톡히 누리며 살고 있다. 100km 이상 달리는 자동차 안에서 TV를 보기도 하고, 화상으로 얼굴을 보면서 통화도 하며, 3차원 그래픽 이미지의 내비게이션 시스템으로 모르는 길을 척척 찾아가기도 한다. GPS, 반도체, 인터넷 등 사실상 이러한 기술 중 많은 경우는 군수용 기술이 민수용 기술로 전용된 결과라는 것을 아는 사람은 그리 많지 않다. 오늘날 사회적으로 가장 선도적 분야로 자리매김 되고 있는 민간의 기업경영 분야도 마찬가지이다. 원래 군대의 관리 기술이 현대 행정의 모태가 되었고 이러한 공공 행정 분야를 밑거름으로 하여 민간부문의 기업경영이 발전해 온 것이다.

그러한 것들 중 대표적인 것이 '전략(strategy)'이다. 지금은 사회 각 계층을 불문하고 전략이라는 단어가 홍수를 이루고 있다. 국가의 발전전략에서부터 경영전략, 마케팅 전략, 창업전략, 재테크 전략, 결혼전략 등 '전략'이라는 단어가 홍수를 이루고 있다. '전략'이란 원래 군사용어로, '적을 이기는 방책'을 의미한다. 전술(tactics)과 구별되는 개념으로, 전략은 과학(science)임과 동시에 기법(art)이다. 전략론에 대한 이론적 연구는 단연 동양이 압도해 왔는데, 이른바 '병학(兵學)'

이라 하여 수천 년 전부터 체계화되어 왔다. 그 중에서도 세계 최고의 권위는 역시 중국의 손자(孫子)와 오자(吳子)이다. 오자가 전쟁에 임하는 기본적인 체계를 강조했다면 손자는 실질적인 세부 방법과 절차까지 언급하고 있는 실천적 교재라 할 수 있다. 『손자병법』에서 전략가들이 염두에 두어야 할 전략을 소개하고 있다. 가장 최고의 단계인 벌모(伐謀)는 지략으로 적을 다스리는 것을 의미하는데, 이것이 최고의 수준이라고 한다. 따라서 싸우지 않고 이기는 것이 최고의 승리라는, 소위 '부전승(不戰勝)'의 개념도 바로 여기서 유래된 것이다.

일반적으로 전략은 크게 개발 단계와 전개 단계로 나누어진다. 개발이 '지(知)'라고 하면 전개는 '행(行)'이라고 할 수 있다. 아무리 훌륭한 전략을 수립했다 하더라도 이를 실행 계획(action plan)으로 옮기는 것은 별개의 문제이기 때문이다. 실제로 조직 구성원의 5%만이 조직의 비전과 전략을 이해하고 있으며, 조직의 10%만이 전략 실행에 성공한다고 한다. 한마디로 '전략 따로 실행 따로'가 아닐 수 없다.

이러한 계획과 실행의 괴리현상의 원인은 바로 '아는 것과 행하는 것의 차이'라 할 수 있다. 또한 전략을 이야기할 때 대표적인 것이 선택과 집중이다. 이 점에 대해 전략 이론의 대가인 하버드대 M.E. 포터(Porter) 교수는 "전략이란 무엇을 할 것인가가 아니라 무엇을 포기하고 버릴 것인가이다."라고 설명하고 있다. 인생도 그렇지만 선택의 과정을 되짚어보면 선택의 과정은 곧 포기의 과정임을 알 수 있다. 따라서 선택과 집중은 곧 포기와 집중이다. 포기한 자만이 선택할 수 있으며, 선택한 자만이 집중할 수 있다. 요컨대 자신의 장점과 단점 중에 단점을 보완하는 것보다는 장점을 더욱 극대화하는 것이 전략적 사고인 셈이며, 이것이 바로 '차별화'라는 전략 개념의 핵심이다. 안 되는 것을 부여잡고 평균 수준으로 끌어올리려 애쓰지 말고 자신의 장점을 더욱 발전시켜 남이 감히 넘볼 수 없게 자신만의 핵심 역량을 만들라는 것이다.

'72 : 1 법칙'이라는 것이 있다. 자신이 결심한 사항을 72시간, 즉 3일 이내에 행동으로 옮기지 않으면 단 1%도 성공할 가능성이 없다는 말이다. 무엇인가를 성사시키기 위해서는 결심한 다음 바로 실행에 옮겨야 한다. 패배자들은 언제나 '내일'이라는 단어를 즐겨 쓴다. 모든 변화는 '지금 여기(now here)'에서 시작된다. 어제나 그제보다 오늘 이 순간을 소중하게 생각하는 사람만이 무엇이든 성취할 수 있다. 내일의 영광은 곧 지금 이 순간을 충실히 보낸 사람, 작은 실천을 진지하게 반복하는 사람에게만 축복의 선물이 주어질 것이다.

콜린 파월(Colin Luther Powell) 장군에게는 공식 'P = 40~70'이 있다고 한다. P는 성공할 가능성을 나타내며 숫자는 요구된 정보의 %를 나타낸다. 정보의 범위가 40~70% 사이에 들면 직감적으로 추진하라. 맞을 기회가 40% 미만일 정도로 정보가 적으면 행동을 취하지 말라. 하지만, 100% 확실한 정보를 갖게 될 때까지 기다릴 수만은 없다. 왜냐하면 그때가 되면 너무 늦기 때문이다.

> **생각, 뒤집고**

무임 승차와 링겔만 효과

> 게으른 자여 개미에게 가서 그가 하는 것을 보고 지혜를 얻으라. 개미는 두령도 없고 감독자도 없고 통치자도 없으되 먹을 것을 여름 동안에 예비하며 추수 때에 양식을 모으느니라. 게으른 자여 네가 어느 때까지 누워 있겠느냐. 네가 어느 때에 잠이 깨어 일어나겠느냐. 좀 더 자자, 좀 더 졸자, 손을 모으고 좀 더 누워 있자 하면 네 빈궁이 강도같이 오며 네 곤핍이 군사같이 이르리라.
>
> —잠언 6 : 6~11—

조직은 각 개인의 힘이 합쳐 그 이상의 시너지 효과를 기대하곤 한다. 그러나 실제로 조직 내에서는 '무임 승차자(Free rider)'가 존재하고, 이는 조직의 발전을 저해하는 요소로 작용한다. 특히나 개인의 책임 범위가 명확하지 않은 공동 작업의 경우 각 개인은 조직 내 자신의 필요성을 망각하는 경우가 많으며 이는 시너지 효과는커녕 구성원들의 노력에 대한 총합보다도 작은 결과물을 낳곤 한다. 집단 속에 참여하는 개인의 수가 늘어갈수록 성과에 대한 1인당 공헌도가 오히려 떨어지는 현상이 발생하는데, 이것이 '링겔만 효과(Ringelmann effect)'이다. 이는 집단의 규모가 증가할수록 힘의 총합은 증가하였지만 개인이 발휘하는 힘의 크기는 감소하는 현상으로, 결론적으로 집단의 규모가 증가할수록 평균 개인당 생산성은 감소하는 현상을 말한다. 이렇듯 집단 내 개인들의 무임 승차 행위가 일어나는 현상을 '사회적 나태(Social loafing)'라고도 한다. 사회적 나태 현상은 팀의 구성원이 증가함에 따라 사회적 압력이 구성원 각각의 개인에게 균등 배분되어 버리기 때문에 발생하는 것으로 책임의 분산이나 모호성에 기인한다. 즉, 동일한 과업을 함께 수행하는 구성원이 많거나 개인의 노력이 전체 과업의 성과 달성에서 차지하는 비중이 낮다고 인식되어질수록 사회적 나태의 가능성은 높아지고 개인의 노력을 불필요한 것으로 인식할 가능성이 높다.

100여 년 전, 독일 심리학자 링겔만은 줄다리기를 통해 집단에 속한 각 개인들의 공헌도 변화를 측정하는 실험을 했다. 개인이 당길 수 있는 힘의 크기를 100으로 보았을 때 2명, 3명, 8명으로 이루어진 각 그룹은 당연히 200·300·800%의 힘이 발휘될 수 있을 것으로 기대되었다. 그러나 실험 결과에 따르면 2명이 참가하면 93%로, 3명이 할 때는 85%로 줄었고, 8명이 함께 할 때 한 사람은 49%의 힘, 즉 혼자 경기할 때에 비해 절반밖에 내지 않았다. 참가하는 사람이 늘수록 책임감이 떨어져 전력 투구를 하지 않기 때문에 1인당 공헌도가 오히려 떨어지는 이런 집단적 심리현상을 '링겔만 효과'라고 한다. 여럿이 같이 협력하면 오히려 개인 효율이 떨어지는 이러한 현상은 회사 조직 내에서는 물론이지만 사회 곳곳에서 찾아볼 수가 있다. 링겔만 효과는 다음의 두 가지 경우에서 주로 발생하게 된다.

첫째, 팀 내에서 구성원 스스로가 개인의 존재 의미나 가치를 발견하지 못할 때 나타나게 된다. '나는 팀에 기여하는 바가 별로 없는 것 같다.'거나 '내가 없어도 팀이 활동하는 데 전혀 지장이 없다.'는 식의 자신의 가치에 대한 불신은 곧바로 업무에 대한 의욕 저하로 이어질 것이 뻔하다. 이렇게 의욕이 떨어진 개인은 공동으로 달성해야 할 팀의 목표에 적극적인 노력을 기울이려 하지 않게 되고 이로 인해 링겔만 효과가 발생하게 된다는 것이다.

둘째, 링겔만 효과는 집단 속에서 개인의 잘잘못이 명확하게 드러나지 않을 때에도 나타나게 된다. 특히, 팀의 규모가 크면 클수록 팀 구성원 개개인에 대한 평가가 어려워져 이런 현상이 나타날 가능성이 커지게 된다. 팀 내에서 개인의 성과에 대한 분명하지 않은 평가가 링겔만 효과를 부추기는 또 다른 요인인 것이다.

따라서 조직 내에서 링겔만 효과는 가급적 발현되지 않는 것이 바람직하다. 무엇보다 중요한 것은 팀의 목표에 대한 개인의 몰입도(Personal involve-ment)를 높이는 것이 중요하다. 팀 리더는 공동의 목표 달성을 위해 구성원 개개인에게 명확한 역할을 부여하고 개인의 책임감을 자극함으로써 스스로의 가치를 발견하도록 해야 한다.

시너지(Synergy)의 반대말을 역시너지(de-system energy)로 정의해 볼 수 있다. 시너지가 건설적인 에너지인 데 반해 역시너지는 파괴적인 에너지다. A와 B의 능력을 각각 1이라고 하자. 두 사람의 힘을 시너지로 합치면 2가 아니라 100이나 1000이 될 수 있지만 역시너지로 합치면 마이너스 100이나 1000이 될 수 있다는 것이다. 시너지는 부가가치를 증폭시키지만 역시너지는 낭비를 증폭시킨다. 혼자서 경솔하게 결정한 잘못된 선택이 많은 사람들에게 피해를 줄 수 있다. 하지만 시너지 효과의 반대말은 시너지라는 사전적 어휘의 반대말이 아니라 '링겔만 효과'라고 한다. 링겔만 실험을 계기로 시너지 효과에 대비되는 개념의 '링겔만 효과'라는 표현이 생겨났다. 링겔만 효과를 발생시키는 대표적인 원인은 대중 속에서 '나 하나쯤이야'라는 안일함이며, 이것은 개개인이 자신의 존재감을 완전히 인식하지 못하고 최선을 다하지 않기 때문이다.

또한 시너지 효과와 비슷하지만 조금 다른 개념으로 '메디치 효과'라는 용어도 있다. 서로 관련이 없을 것 같은 이종 간의 다양한 분야가 서로 교류 융합하여 독창적인 아이디어나 뛰어난 생산성을 나타내고 새로운 시너지를 창출할 수 있다는 경영 이론이다. 이는 15세기 중세 이탈리아 피렌체의 메디치 가문이 문화예술가, 철학자, 과학자, 상인 등 여러 다양한 분야의 전문가들을 후원하자, 자연스럽게 모여 생긴 이들 이질적 집단 간의 교류를 통해 서로의 역량이 융합되면서 생긴 시너지가 르네상스 시대를 맞게 하였다는 데서 유래된 말이다.

최근 이업종(異業種) 교류나 이질적인 부서 간에 협업하거나 통합하여 기존의 틀을 깨는 새로운 개념의 제품이나 아이디어를 창출해 내는 메디치 효과를 도모하려는 기업들이 늘어나고 있다.

어느 조직이나 상사들이 부하들에게 원하는 바람직한 모습은 이래라 저래라 시키기 전에 주인의식을 갖고 자율적으로 알아서 해 주는 것이다. 과거의 상사들과는 달리 요즘은 직접 일을 해야 하는 경우가 많기 때문에 가뜩이나 바쁜데, 일일이 간섭하며 조직을 이끌고 나가는 것은 대단히 비효율적이다. 간섭받는 당사자들도 힘들다. 스스로 조직에 몰입하고 일에 만족하는 직원은 누가 시키지 않아도 자율적으로 최선을 다하고, 신바람도 나며, 그 성과도 좋다. 지금은 사원 한 사람의 힘, 즉 개개인의 사원력(社員力)이 중요한 시대가 되고 있다. 구성원들이 스스로 정할 수 있는 역할을 현장에서 수행하고 결과에 책임을 지는 능력이 있어야 한다. 직무 기술서에 기재된 임무를 충실히 이행하는 구성원만으로는 헤쳐 나가기 힘든 사회 구조가 되고 있다. 구성원 개개인의 사원력의 힘이 현장을 바꾸고 새로운 가치를 창출하는 역량을 갖추어야만 조직을 변화시킬 수 있는 시대로 변화되고 있다.

특히 기업들은 직원들의 주인의식과 책임의식을 높이는 데 고민하고 있다. 경영자가 아무리 능력이 있고 합리적인 시스템을 갖췄다 하더라도 직원들의 주인의식이 없으면 그 기업은 크게 성장할 수 없다. 주인의식이 없는 직원들은 책임감 없이 일을 처리하고, 화합하기보다는 자신만의 입장을 먼저 생각하는 경향이 있다. 주인정신은 곧 자주정신과 책임의식이다. 그런데 인간의 마음속에는 자주성과 책임감을 내버리고, 피동적으로 자신의 삶을 살아가는 노예 근성이 숨어 있다고 한다. 임자가 아니기 때문에 적당히 해도 된다는 생각이 노예 근성이다. 도산 안창호 선생은 "한나라의 흥망성쇠는 그 국민의 주인정신에 달렸다."고 갈파했다. 사회적 나태와 링겔만 효과를 극복하기 위하여 리더는 구성원들이 천성적으로 게으르거나 나태해서 개인 성과 기준이 낮다고 여기기보다는 다음과 같은 방법을 통해 구성원들의 무임 승차 행위를 줄이는 노력을 강구하여야 한다.

즉, 개인의 공헌도가 팀 차원뿐만 아니라 팀 구성원들 사이에서도 확인 가능하게끔 해야 한다. 이를 위해 객관적이고 정확한 성과 평가 기준을 정비하고, 팀이 공동으로 업무를 수행할 경우 성과에 대한 개개인의 공헌도를 평가하기 곤란하여 구성원이 무임 승차하는 경향이 발생하므로 팀은 개인의 공헌도가 다른 사람에 의해서도 확인될 수 있도록 제도적 장치를 마련해야 한다. 공정하고 정확한 평가 기준의 산정 및 이에 따른 보상은 구성원의 동기 부여를 불러일으키지만, 공동의 작업에서 무임 승차자의 발생은 다른 구성원들의 의욕과 노력을 감소시키는 역할을 하므로 객관적인 기준 설정 방안을 고민해야 할 것이다. 그리고 구성원의 의욕 상승은 급여 체계나 성과 보상만으로는 해결되지 않는다. 그보다는 고차원적인 구성원의 욕구를 충족시켜 구성원들이 일에 대한 만족과 성취감을 갖게 하고, 의욕을 불러일으킨다면 무임 승차의 발생은 현저히 감소시킬 수 있을 것이다. 따라서 팀은 되도록 팀 구성원들에게 흥미를 줄 수 있고, 개인에게나 팀에게 중요한 과업을 부과함으로써 각 개인이 자신의 과업에 대한 중요성을 인식하게 하고, 아울러 자신의 과업이 팀의 목표 달성에 큰 역할을 하고 있음을 자각하게 하는 노력이 필요하다. 링겔만 효과와 사회적 나태는 조직의 규모가 커질수록 무임 승차자는 크게 증가하게 될 것이다. 따라서 리더는 집단의 과업 달성에 있어서 개인들에게 적절한 동기 부여와 아울러 각 개인의 노력이 집단의 과업 달성에 있어서 중요한 위치에 있음을 일시적으로만 강조할 것이 아니라 지속적으로 인식시켜 주어야 할 것이다.

"정말 중요한 일이라면 100번은 말하라! 내가 매번 같은 이야기를 한다고 나를 바보라고 생각하지 마십시오! 정말 중요하다고 생각하는 일은 모든 사람들의 뇌리에 새겨질 수 있도록 100번이고 반복할 것입니다." ABB 회장인 퍼시 바네빅은 강조했다.

GE 잭 웰치는 "열 번을 얘기하지 않으면 한 번도 얘기하지 않은 것과 같다."고 말함으로써 반복적 커뮤니케이션의 중요성을 설파한 바 있다. 조사 결과에 의하면 직원들은 CEO가 일곱 번 이상 같은 말로 얘기해야 비로소 그 중요성과 뜻을 이해하기 시작한다고 한다. 리더는 구성원들이 싫어할 줄 알면서도 중요한 일이라면 반복해서 말할 줄 아는 용기를 가져야 한다.

> 생각,
> 뒤집고

전환점을 만드는 제3의 법칙

어느 날 아기물고기가 엄마물고기에게 물었다.

"엄마, 바다가 어떻게 생겼어요?"

엄마물고기가 대답했다.

"글쎄, 그런 게 있다고 듣긴 했다만 나도 잘 모르겠다."

바다 속에 살면서 바다를 본 적 없다고 하는 게 우리들의 삶이다. 인간을 '넙치, 참치, 날치형'으로 나눠 보기도 한다. '넙치형' 인간은 바닥에 납작 깔려 살면서 물 흐름을 타고 움직인다. '참치'는 가만있으면 가라앉는다. 하루 종일 퍼득퍼득 헤엄쳐야 산다. 그런데 '날치'라는 생선은 바다 바깥으로 간다. 차고 날아오르면서 바다 속 물고기가 바다 풍경을 본다. 수면을 박차고 오르면서 다른 세계로 나가는 브레이크스루(breakthrough)가, 즉 다른 세계로의 돌파가 우리 삶에도 필요한 것이다.

외부에서 힘이 작용하지 않으면 운동하는 물체는 계속 그 상태로

운동하려고 하고, 정지한 물체는 계속 정지해 있으려고 한다. 즉, 모든 사물은 외부의 어떤 힘이 가해지지 않는 한 자기의 상태를 그대로 유지하려고 한다는 물리학에서의 자연 원칙이다. 관성의 법칙은 물리 법칙 이상으로 우리 생활에 가까이 있다.

사람들은 대개 자신의 습관이나 버릇을 쉽게 바꾸지 못한다. 이를 두고 우리는 흔히 '관성적'이라고도 표현한다. 세 살 버릇 여든까지 가는 게 인간사의 상식이다. 드라마를 만들 때도 시청자들의 관성은 중요한 고려 대상이라고 한다. 실제로 방송 관계자들에 의하면 시청자들은 보던 드라마를 계속 보려는 습성이 있다고 한다. 이 때문에 드라마를 만들 때 초반에 많은 물량을 투입하곤 한다. 처음에 시청자들의 눈길을 잡아둬야 그 관성으로 일정한 시청률을 확보할 수 있기 때문이다. 〈자이언트〉, 〈아테나〉, 〈해신〉, 〈연개소문〉, 〈주몽〉, 〈불멸의 이순신〉, 〈태왕사신기〉, 〈선덕여왕〉 등 대작이라고 부를 만한 드라마들은 대부분 처음 4회 이내에 해외 로케이션 장면을 넣거나 대규모 전투신 혹은 화려한 컴퓨터 그래픽을 배치해 초반에 시청자들의 이목을 집중시킨다. 그리고 이렇게 확보된 시청률이 약 20%를 넘어서면 방송사는 으레 연장방송을 준비한다. 보던 관성이 있으니까 몇 회 더 늘려도 시청자들은 계속 보게 된다는 것이다.

관성의 법칙은 외부에서 힘이 작용하지 않을 때 성립한다. 이 말을 뒤집으면 외부에서 힘이 작용할 때 관성은 깨지는 것이다. 관성을 바꾸고 싶으면 밖에서 어떻게든 힘이 작용해야 한다. 작심삼일로 끝나기 일쑤이지만 연초마다 사람들이 새로운 계획을 세우는 것도 '연초'라는 외부의 힘으로 자신의 관성을 바꾸려는 시도이다. 흔히 담배를 끊을 때 주위 사람들에게 그 사실을 널리 알리라고 한다. 이런 행위는 스스로가 원래의 관성을 타파하기 위해 의도적으로 하나의 계기를 만드는 행위이다. 이는 스스로 외부로부터 힘을 빌리는 것과도 같다. 외부의 힘 없이 자기 스스로 관성을 바꾸기란 매우 어렵다. 이처럼 개인이든 조직이든 스스로의 의지와 노력으로 잘못된 습관을 고치기 어려우면 외부의 힘을 적절하게 빌려 보는 것도 괜찮은 방법이다.

관성의 본질은 뉴턴의 운동법칙을 통해서 쉽게 이해할 수 있으므로 여기에서는 세 가지 법칙만을 살펴본다.

- 뉴턴의 제1법칙 : 힘이 물체에 작용하지 않는 한 물체는 정지 상태를 유지하거나 일정한 속도를 가지고 운동을 하게 된다.
- 뉴턴의 제2법칙 : 물체의 가속도는 물체에 작용하는 힘에 비례한다.
- 뉴턴의 제3법칙 : 작용과 반작용은 힘의 크기는 같지만 방향이 서로 반대이다.

이것이 사물뿐만 아니라 인간에게도 두루두루 적용된다는 것을 쉽게 느끼고 있을 것이다. 지금 상태에서의 변화, 외부의 물리적 충격은 언제나 두려운 법일 것이다. 지금의 상태가 몸이든 마음이든 편하면 편할수록 그것을 깨지 않으면 한 걸음도 더 나아갈 수 없는 변화, 꼭 해야 할 변화라고 한다면 온몸으로 맞서게 된다. 관성의 법칙도 결국 외부의 물리적 충격에 버티지 못하고 결국 외부 충격에 반응하며 작용하도록 되어 있는 법이다. 우리 주위에서 볼 수 있는 관성의 사례를 살펴보자.

- 버스가 출발할 때 몸이 뒤로 밀린다. 이는 '정지 관성'이라는 것 때문이다. 정지 관성은 물체가 가만히 있을 때 계속 가만히 있으려는 것으로, 버스가 앞으로 출발하게 되면 계속 정지하려고 하는 몸과 버스에 닿아 출발하려고 하는 다리로 인해서 일어나는 현상이다.
- 버스가 멈출 때 몸이 앞으로 쏠린다. 이는 '운동 관성'이라는 것 때문이다. 운동 관성은 물체가 움직이면 계속 움직이려는 것으로, 버스가 갑자기 멈추게 되면 계속 가려는 몸과 버스에 닿아 멈추려는 발로 인해서 일어나는 현상이다.
- 버스가 승용차보다 멈추기 힘들다. 관성은 무게가 많이 나가는 물체에 더욱 크게 나타난다. 여기서는 정지 관성이 일어나게 되는데, 버스 무게가 승용차 무게의 약 2~3배 정도 더 무거워 멈추기가 더욱 힘들다.
- 컵 위에 종이를 올려 놓고 그 위에 동전을 올려 놓은 뒤에 종이를 갑자기 빼면 동전이 아래로 떨어진다. 이는 동전에 정지 관성이 작용해서 종이를 순간적으로 빼게 되면 동전은 정지되어 그 자리에 있게 되고 종이만 빠지게 되어 동전이 아래로 떨어지게 된다.

- 막대기로 이불을 두드려서 먼지를 턴다. 이는 막대기로 이불을 두드리게 되면 먼지는 정지 관성에 의해서 가만히 있게 되고 막대기로 친 이불만이 뒤로 가게 되기 때문에 먼지가 털어진다.

변화라는 것은 익숙한 것과의 결별이라고 할 수 있다. 왜냐하면 변화는 드라마틱한 것이지만 인간은 변화를 좋아하지 않는다. 바람직한 행동을 하지 않으면 그렇게 해서는 안 된다는 것을 알고 있으나 '습관'에 메여 있기 때문에 변화하기 어렵다. 그러나 제3의 법칙을 활용하면 좋은 교훈이 될 것이다.

2005년 10월 17일, 지하철 천호역! 전동차의 문이 열리고 승객들이 타고 내릴 때, 한 노인이 발을 헛디뎌 승강장과 전동차의 틈새로 몸이 끼어 버리고 말았다. 문은 닫히고 전동차가 떠나려는 일촉즉발의 순간, 옴짝달싹 못하는 그 노인은 절체절명의 상황에 처했다. 그곳에 있던 사람들은 안타까운 눈으로 그저 바라만 보고 있을 뿐이었다. 바로 그때, 군중 속에서 한 사람이 "우리, 열차를 밀어 봅시다!"라고 외치면서 열차에 손을 갖다 대었다. 열차를 밀어 보자고? 황당해하는 무리 가운데서 또 한 사람이 나섰다. "그래요, 한번 해봅시다!" 그래서 '둘'이 함께 밀기 시작했지만, 33t짜리 열차가 움직일 리 없었다. 그런 불가항력적인 상황에도 불구하고, 운집한 사람들을 비집고 또 다른 한 사람이 튀어나와 "좋아요, 함께 해봅시다!" 하고 '셋'이 함께 열차를 밀기 시작했다. 그런데 바로 그 '세 번째' 사람이 가담하여 열차를 미는 순간, 엄청난 일이 벌어졌다. 그때까지 쳐다만 보고 있던 그 곳의 많은 사람들이 일시에 달려들어, 너도나도 열차를 밀기 시작했던 것이다. 벌 떼같이 열차에 달라붙은 사람들이 다 함께 열차를 밀었다. 그들이 구령에 맞추어 "밀어!" 하고 한꺼번에 힘을 주니 열차가 움찔하며 움직였다. 그 순간, 노인을 틈새에서 끌어내 극적으로 목숨을 구했다.

이것이 '제3의 법칙' 이다. 뜻을 같이하는 세 사람이 모이면 상황을 바꿀 수 있다는 법칙이다. "우리 밀어 봅시다!" 하고 용기 있게 나선 '한 사람', "그래요, 한번 해봅시다!" 하고 가세했던 '또 한 사람', 그리고 "좋아요, 함께 해봅시다!" 하고 희망을 안은 '세 번째 사람' 이 모아지자 삽시간에 다 함께 참여하는 '인간 띠' 가 만들어졌다. 결국 33t짜리 전동차를 움직이는 기적을 일으킨 것은 바로 제3의 법칙 때문이었다. 미국 조지아 주립대학 폴 롬바르도 교수는 이것을 하나나 둘과는 달리 셋은 집단을 이루는 전환점(Tipping point, 작은 변화들이 어느 정도 기간을 두고 쌓여, 이제 작은 변화가 하나만 더 일어나도 갑자기 큰 영향을 초래할 수 있는 상태가 된 단계)으로, 그 셋이 모여진 순간부터 공동적 관심과 규칙이 생기게 되기 때문이라고 설명한다.

본래 인간은 상황에 지배당하며 살고 있다. 그러나 인간은 상황을 지배할 수도 있다. 제3의 법칙이 작동하면 상황을 바꾸는 엄청난 힘이 발생하는 것이다.

생각, 뒤집고

변화의 불씨와 100마리째 원숭이

> 교육이란 알지 못하는 바를 알도록 가르치는 것을 의미하는 것이 아니라, 사람들이 행동하지 않을 때 행동하도록 가르치는 것을 의미한다.
> -마크 트웨인-
>
> Learning is not for your Knowledge, It is for your Action.
> -삼성전자 간부 리더십 과정-

이 세상에서 가장 아름다운 것 세 가지를 선택한다면 여러분은 무엇을 선택하겠는가? 바로 그 하나는 '예쁜 꽃'이고, 두 번째는 '어린애 웃음소리', 그리고 세 번째는 '어머님의 사랑'이라고 한다. 그러나 꽃은 계절마다 다른 모습으로 아름다움을 보여 주고 있다. 봄에는 산비탈에 활짝 핀 진달래가 있고, 여름에는 화사하게 피는 붉은 장미가 있고, 가을에는 하늘하늘 피어나는 코스모스가 있고, 추운 겨울에는 늠름하게 피어나는 동백꽃이 있다. 이 모든 꽃들은 아름답게 최고의 멋을 부리며 우리에게 새롭게 변화된 모습을 보여 주고 있다.

프랑스 작가 쥘 르나르는 "타인의 결점을 눈으로 똑똑히 볼 수 있는 것은 바로 우리들 자신에게도 그런 결점이 있기 때문"이라고 말했다. 누구나 결점이 있다. 그 사실을 아는 사람은 잘 익은 벼가 고개를 숙이듯 겸손해진다. 나는 어떤 사람일까? 혹시 작은 일에도 흥분하고 분노하지는 않는가?

운전 중에 누가 새치기를 하면 기분이 나빠진다. 평소 온유하던 사람도 운전대만 잡으면 자기도 모르게 욕설이 나온다고 한다. 그러나 내가 아는 어떤 분은 좀 달랐다. 그는 새치기하는 사람을 위해 속도까지 줄여 주며 말했다.

"아마 위급한 일이 있나 봐."

부정적인 상황에 부딪혔을 때 마음의 생각을 긍정적으로 지켜 내는 것은 인품의 향기일 것이다. 그런 여유를 가진 사람은 모든 일에 관용의 덕을 베풀 것이라는 생각이 든다. 그런 사람이 가장이거나 직장의 리더라면 그 가정과 직장의 구성원은 얼마나 평안할까?

시골의 커다란 나무 밑은 으레 평상이 놓여 있다. 그늘이 크고 좋아 마을의 어르신들이 모이는 사랑방이다. 만나면 자식들 이야기, 살아가는 이야기가 끊임없이 이어져 나온다. 나무는 따가운 햇볕에 그늘을 드리우며 묵묵히 서서 듣기만 한다. 정말 고마운 나무다. 나무가 이만큼 자라 누군가에게 그늘로 내주기까지는 많은 시간이 걸렸을 것이다. 나무를 키운 건 자연이지만 사람의 성숙함과 배려는 겸손한 삶의 자세에서 우러나는 향기와 같은 것이다. 요즘 사회를 보면 남의 허물이나 잘못에 참 민감하다는 생각이 든다. 우리 마음의 진정한 변화와 혁신이 필요하다.

    피터 드러커가 말하는 진정한 혁신은 "누구도 하지 않은 일을 해보는 것이다."라고 했다. 이에 반해 개선은 잘하고 있는 일을 더 잘하는 것이다. 즉, 혁신은 효과성(effectiveness ; 일을 제대로 하는 것)이 이슈이고, 개선은 효율성(efficiency ; 일을 경제적으로 하는 것)이 문제다. 변화 관리에서 3% 개선은 어려워도 30% 혁신은 쉽다고 한다. 이렇듯 우리의 목표는 점진적 개선이 아니라 급진적 혁신이다. 변화하면 죽을 것 같지만 실제로는 가만히 있으면 죽는다. 우리의 삶도 마찬가지이다. 달콤한 꿀맛을 탐닉하다 어느 날 당뇨를 얻거나 담배나 술을 즐기다 보면 자신도 모르게 어느 새 니코틴 중독이나 알콜 중독자가 되어 있음을 발견하게 된다. 우리의 사회나 조직도, 가정도 급변하는 시대의 변화를 모르고 스스로 도취되어 있으면 언제 도태될지 모른다. 변화를 눈치채지 못하기 때문이다. 변화를 재빨리 바라보고(先見) 선점(先占)하라는 것이다.

    불 난 배에서는 바다로 뛰어들어야 한다. 갑판 위에 있으면 뻔히 죽는다는 것을 알고도 그대로 서 있는 것은 바다로 뛰어드는 것이 두렵기 때문이다. 그 죽을 것 같은 변화 속으로 뛰어드는 것만이 살 길이다. 그러나 변화의 핵심은 구성원의 마음에 불씨를 댕기는 것이다. 우에스기 요잔(上杉鷹山)이라는 실제 번주가 주인공인 『불씨』라는 소설을 살펴보겠다. 번사한 사람이 불씨가 되어 불씨를 옮겨 불바다가 되는 것이 혁신의 과정이다. 변화의 적은 바로 자기 자신이다. 스스로를 혁신해서 새로운 자기 경쟁력을 갖추겠다는 자발적인 노력이 필요한 부분이다.

어느 일본 기자가 존 F. 케네디 전 미국 대통령에게 질문했다. 존경하는 일본의 정치인이 누구냐는 것이었다. 그의 대답은 모두가 고개를 갸우뚱할 만한 '우에스기 요잔'을 꼽았다. 당시 케네디 대통령에게 질문을 던진 일본 기자들마저 "우에스기 요잔이 누구지?" 하며 서로 물어보았을 정도였다니 그럴 만도 하다.

우에스기 요잔, 그는 240여 년 전의 인물이다. 그것도 일본의 조그마한 지역을 통치했던 작은 지도자에 불과했다. 그런데도 케네디가 요잔을 꼽았던 데는 그만한 이유가 있었다.

요잔은 일본의 요네자와 번이라는 곳에 살았다. 당시 일본에서 '번(藩)'은 우리나라로 말하면 군과 도 등과 같은 행정 구역이다. 이 곳을 통치하는 지도자를 '번주(藩主)'라고 했다. 당시 요네자와 번의 번주가 통치하던 지역은 빚더미에 올라앉았고, 주민들이 야반도주하는 일이 있을 만큼 민생이 피폐한 상태였다. 번주는 민생을 어지럽힌 채 심장마비로 사망하고 말았다. 번주에겐 외동딸이 있었다. 불행하게도 외동딸은 장애인이었다. 그래서 데릴사위인 '우에스기 요잔'이 번주의 자리에 앉게 됐다. 그 당시 그의 나이는 17세에 불과했다.

백성들은 그가 과연 요네자와 번을 잘 이끌 수 있을까 걱정했고, 때문에 그를 따르지 않았다. 그런데 추운 겨울, 국경 지역을 지나던 중 요잔이 타고 가던 가마에 불 꺼진 화로가 있었다. 아무 생각 없이 그는 화로를 뒤졌다. 화로 속 밑바닥에 불씨가 있는 것을 발견했다. 그때 그의 머릿속에 매우 중요한 영감과 상상이 떠올랐다. 불씨를 발견한 그는 불을 지피기 시작했다. 가마 밖 신하들이 깜짝 놀라 무슨 일이냐고 물었다. 그는 신하들을 모아두고 이렇게 말했다.

"요네자와 번은 이 불 꺼진 화로와 같다. 그런데 내가 불씨를 발견했다. 그 불씨를 지피겠다. 내가 앞장설 테니 우리 모두가 함께 요네자와 번을 한번 살려보자."

요잔은 망해가는 번의 불씨가 되어야겠다는 다짐을 한다. 신하 중 한 사람이 요잔 번주에게 화로를 맡겨 달라고 했다. 요잔 번주의 생각에 동참하는 사람이 늘어나게 된 것이다. 불씨 지피기 운동이 확산되자 요네자와 번의 분위기는 확 달라졌다. 서로 믿지 못하던 불신풍조가 어느새 사라졌고, 요네자와 번이 혁신의 용광로로 변한 것이다. 이때 있었던 번주 이야기를 소설 형식으로 출간한 책이 『우에스기 요잔』이다. 우리말로는 '불씨'로 번역되어 있다.

1950년, 일본의 미야자키 현 고지마라는 무인도에서 일어난 일이다. 그 곳에는 원숭이가 20여 마리 살고 있었는데, 이들의 먹이는 주로 고구마였다. 원숭이들은 처음에는 고구마에 묻은 흙을 손으로 털어 내고 먹었는데, 어느 날 한 살 반짜리 젊은 원숭이 한 마리가 강물에 고구마를 씻어 먹기 시작했다. 그러자 다른 원숭이들이 하나, 둘

흉내내기 시작했으며, '씻어 먹는 행위'가 새로운 행동 양식으로 정착해 갔다. 고구마 씻기를 하는 원숭이 수가 어느 정도까지 늘어나자, 이번에는 고지마 섬 이외 지역의 원숭이들 사이에서도 똑같은 행위가 동시 다발적으로 나타났다. 불가사의(不可思議)하게도 이 곳에서 멀리 떨어진 다카자키 산을 비롯한 다른 지역에 서식하는 원숭이들도 역시 고구마를 씻어 먹기 시작했다. 서로가 전혀 접촉이 없고, 의사소통도 할 수 없는 상황에서 마치 신호를 보내기라도 한 것처럼 정보가 흘러 간 것이다.

미국의 과학자 라이올 왓슨은 이것을 '100마리째 원숭이 현상'이라고 이름 붙였다. 어떤 행위를 하는 개체의 수가 일정량에 달하면 그 행동은 그 집단에만 국한되지 않고 공간을 넘어 확산되어가는 불가사의한 현상을 말하는 것이다. 이 학설은 1994년에 인정되었다. 많은 동물학자와 심리학자가 여러 가지 실험을 한 결과 이것은 원숭이뿐 아니라 인간을 포함한 포유류나 조류, 곤충류 등에서도 볼 수 있는 현상이라는 사실이 밝혀졌다.

우리는 위 이야기들 속에서 세상을 밝혀 나가는 하나의 지혜를 배울 수 있다. 세상의 가치관이나 구조는 깨달은 10%의 사람에 의해 바뀐다고 한다. 대부분의 사람들이 깨달으려면 시간이 걸리겠지만, 먼저 10%가 깨달으면 사회와 세계를 바꿀 수가 있다는 것이다.

이것은 시공을 초월한 '공명현상(共鳴現象)'이 작용하기 때문이다. 그럼 새로운 모습으로 변화되기 위해서는 어떻게 변화되어 가는지 그 과정을 살펴보자. 변화의 과정은 크게 '해빙 단계 → 변화의 단계 → 재동결 단계'로 이어진다.

- 해빙 단계란, 마치 얼어붙은 얼음을 다른 모양의 얼음으로 바꾸기 위해서 우선 얼음을 녹여 물로 만드는 과정이라고 볼 수 있다. 이것은 곧 어떤 젊은이가 사랑하는 여인의 생각을 바꿔 놓기 위해서 분위기를 조성하는 단계라고 볼 수 있다. 그렇게 함으로써 기존의 굳어져 있는 생각이나 해동의 틀을 녹여 변화의 필요성을 느낄 수 있도록 해 주는 것이다.
- 변화의 단계란, 얼음이 녹는 물을 다시 원하는 모양의 틀에 붓는 것과 같다. 이것은 조직이나 사람을 변화시키려는 주도자가 의도하는 방향으로 이끌어 가는 과정이라고 볼 수 있다. 이 단계에서는 보다 좋은 행동이나 모습이 어떤 것인지를 확실하게 결정하고 있는 것이 중요하다. 즉, 사랑하는 여인의 모습이 이런 모습으로 변화되었으면 좋겠다는 틀을 마음속에 결정해 놓고 그러한 모습으로 만들어가는 과정이라고 볼 수 있다.
- 재동결 단계란, 해빙 단계·변화의 단계에서 변화된 생각이나 행동이 다시 굳어서 새로운 모습으로 창조되는 것이다. 그런데 만일 재동결된 좋은 모습도 지속적인 노력이 없으면 원래의 처음 모습으로 돌아가는 경우가 많다는 것을 잊지 말아야 한다. 가령 냉장고에서 꺼낸 얼음을 그대로 놔두면 물로 변해 버리는 것

과 같다. 또한 사랑하는 여인의 마음을 녹이고 분위기를 잡아서 결혼까지 하기로 약속해 놓고 '이젠 꼼짝 못하겠지.' 하고 관심을 갖지 않으면 고무신 거꾸로 신고 말 것이다. 옛날 모습으로 돌아가기 쉽다는 것이다.

사람은 새로운 변화를 창조할 때 마치 새로운 구두를 신고 다니는 것과 같이 불편하고 어색한 느낌을 갖게 된다. 따라서 어떤 창조된 변화의 모습을 정착시키려면 무엇보다 중요한 것은 일회성이나 전시적인 행사와 같이 끝내는 것이 아니라 지속적인 관심과 노력, 땀과 시간, 열정이 필요하다.

> 생각,
> 뒤집고

소통(疏通)과 커뮤니케이션

> 당신과 나는 존재와 비존재에서부터 시작해 모든 세계관과 가치관이 다르기 때문에, 결코 온전한 소통에 이를 수 없다. 그래서 "모든 인간은 신 앞에 고독한 존재다."
>
> -키에르 케고르-
>
> 말이 많으면 허물(죄)을 면키 어려우나 그 입술을 제어하는 자는 지혜가 있느니라.
>
> -잠언 10:19-

커뮤니케이션은 소통과 다르다. 소통(疏通)의 '소(疏)'는 '트다' 라는 뜻을 가진 '트일 소' 다. 하지만 '커뮤니케이션(communication)'의 어원은 '공통'이라는 개념의 라틴 어 '커뮤니(communi)' 라는 단어에서 출발된다. 흔히 공통이라는 개념이 있기 때문에 같은 말 아니냐고 생각할 수도 있지만 이는 근본적으로 다르다. 소통은 말 그대로 '트고 나서 통함' 이다. 즉 먼저 자신의 생각과 마음을 상대방과 함께 할 수 있도록 준비를 해야 통할 수 있다. 소통이란 막히지 아니하고 잘 통함, 뜻이 서로 통하여 오해가 없음을 말한다. 요즘 스마트폰·트위터·페이스북 사용자가 급증하면서 소셜 네트워크와 모바일로 소통하는 경우가 많아졌다. 그리고 미디어와 IT 분야의 전문가뿐만 아니라 가족, 기업, 사회 각 분야 조직들의 성장과 지속적인 관계를 위한 필수 요소인 소통이 중요해지고 있다.

고려 시대에 중국 송나라에서 사신(使臣)이 오게 되었다. 사신이 오는 것은 좋은데 걸리는 문제가 하나 있었다. 올 예정인 중국 사신은 학문에 조예가 깊어 꼭 상대측 영접자를 시험해 보고, 만일 질문에 제대로 대답하지 못하면 심하게 무안(無顔)을 주는 것으로 까다로운 인물이었다. 왕이 대신들을 대상으로 영접자를 물색했지만 서로 얼굴만 쳐다볼 뿐 아무도 선뜻 나서려 하지 않았다. 할 수 없이 전국에 방을 붙여 학식이 뛰어난 인물을 모집해 보았지만, 이미 소문이 퍼진지라 역시 자원자가 없었다. 시간이 흘러 중국 사신이 오기 직전에 바보로 소문난 어느 젊은이가 응모하게 되었다. 이미 남은 시간이 없었기에 할 수 없이 그를 관리에 임명해 사신을 영접하러 보냈다.

거만한 표정으로 도착한 중국 사신이 그를 보고 대뜸 두 손의 엄지와 검지를 붙여 사각형을 그려 보이자, 이를 보던 바보가 역시 두 손의 엄지와 검지를 붙여 둥글게 원을 만들어 보였다. 이에 당황한 표정을 지은 중국 사신은 다시 손가락 네 개를 펴 보였다. 그러자 바보는 이번에는 손가락 세 개를 펴 보였다. 더 당황한 표정의 중국 사신이 이번에는 자기의 턱수염을 쓰다듬었다. 이에 질세라 바보는 자기의 배를 쓰다듬었다. 여기까지 오자 얼굴이 하얗게 질린 중국 사신은 그대로 고려 국경에서 중국으로 돌아가 버렸다.

주위에서 이 광경을 지켜보고 있던 사람들이 그 사신에게 물었다.

"왜 이렇게 도망가듯 돌아가십니까?"

그 사신이 말했다.

"내가 사각형을 보인 것은 땅의 이치를 아느냐는 것이었는데, 그는 원을 그리며 하늘의 이치도 안다고 대답했다. 내가 네 손가락을 펴서 사서(四書, 논어·맹자·중용·대학)를 아느냐고 묻자, 그는 삼경(三經, 시경·서경·주역)도 안다고 손가락 세 개를 펴보였다. 또 내가 턱 수염을 쓰다듬으며 신농(神農)씨(중국에서 처음으로 농사와 의약을 가르쳤다는 전설 속의 제왕)를 아느냐고 묻자 그는 배를 쓰다듬으며 복희(伏羲)씨(팔괘를 처음 만들고 수렵과 어로를 가르쳤다는 전설 속의 임금)도 안다고 답했다. 저런 인물이 고려에 있다니 내가 돌아갈 수밖에 없지 않느냐?"

한편 그 까다로운 중국 사신을 물리친 바보에게 크게 놀라며 임금님과 관리들은 물었다.

"도대체 어떻게 대답했기에 사신이 도망가듯 돌아갔느냐?"

"저는 그 사람이 네모난 떡을 먹었다고 하기에 나는 둥근 떡을 먹었다고 대답했고, 그 사람이 네 개를 먹었다고 해서 나는 세 개를 먹었다고 했지요. 그가 떡이 맛있었다고 수염을 쓰다듬기에 나는 배부르게 먹었다고 답했지요."

이 바보는 마침 사신을 맞이하러 가는 날 어머니가 준 떡을 배불리 먹고 갔던 것이다. 두 사람은 심각하게 대화를 나누었지만 결국 전혀 다른 생각을 하고 있었던 것이다. 이런 비슷한 이야기가 21세기의 한국 정부에도 있었다고 한다.

"혁신에 대한 성공 사례를 많이 수집하여 보고해 주십시오."
"혁신의 기준이 무엇인가요?"
"그건 워낙 다양해 말하기 어렵습니다."
"그럼 어떻게 수집해야 하나요?"
"그건 여러분이 알아서 판단해 주세요."

이 대화는 실제로 모 부처 주최로 열린 한 자문회의에서 나왔던 것이라고 한다.

소통은 서로 어우러지는 힘이다. 어우러지는 방법을 배우는 게 소통이 아닐까 싶다. 사람은 목소리를 내는 악기이며 서로 어우러지는 하모니를 만들어 내기 위해서는 각자의 울림이 있어야 한다. 특히 강조하고자 하는 말은 바로 이 '어우러짐'이다. 말을, 대화를, 소통을 잘한다는 것은 스스로 존재할 줄 알며, 그렇기에 어떤 상황, 분위기에든 잘 어우러질 줄 안다는 것이다. 정신과에서는 상처, 열등감, 너무 큰 자아로 인해 사람과 상황에 어우러지지 못하는 것을 '장애'라고 한다. 그리고 실제로 많은 사람들이 어떻게 하면 잘 어우러질 수 있는지 모르고 있거나 알면서도 실천하지 않는다고 볼 수 있다. 그래서 우리는 생활 속에서 계속 배우고 실천해야 한다.

오프라 윈프리가 지금의 자신을 있게 해 준 것은 독서와 진실이라고 했다. 사실과 진실은 다르다. 사실(事實, fact)은 벌어진 현상, 진실(眞實, truth)은 그것을 받아들이는 힘이다. 살다 보면 소통하고 싶지 않은 사람을 만나게 되고, 그런 사람과 소통을 해야 할 이유를 찾다가 결국 대부분 시도조차 하지 않은 채 물러나기도 한다.

동물도 인간처럼 의사소통을 한다. 동물의 울음소리나 행동, 즉 개가 짖거나 꼬리를 흔드는 행동들이 모두 의사소통 수단이다. 사람들이 동물의 언어를 단순한 울음소리로 여기고 무심코 지나치는 것처럼, 동물의 입장에서 볼 때 어쩌면 인간의 언어도 울음소리 이상은 아닐지도 모른다. 인간이 연구하고 결론 내린 인간과 동물 언어의 차이에 대해 생각해 보자.

동물의 생태계를 담은 다큐멘터리를 보면 동물의 세계에도 나름대로의 서열과 규칙이 있고, 그들 사이에서만 통하는 의사소통 수단이 있음을 알 수 있다. 꿀벌의 춤, 새의 지저귐, 돌고래의 노래, 박쥐가 내보내는 초음파 등으로 대표되는 동물들의 의사소통 수단, 과연 이것을 인간이 사용하는 말과 같은 선상에서 바라볼 수 있을까?

말은 만날 때와 헤어질 때, 축하할 때와 위로할 때, 사랑을 전할 때와 토론할 때 등 특정 상황에서 자신의 생각과 감정을 효과적으로 전달할 수 있게 해 주는 도구이며, 표정이나 제스처·의상 등을 보조 수단으로 사용함으로써 더 큰 효과를 얻는다. 틀어진 애인과 화해할 때 선물보다는 따뜻한 말 한마디가 더 효과적일 수 있고, 직장 상사가 직원에게 혹은 부모님이 자식에게 지시를 내릴 때도 말보다 편리하고 확실한 전달 방법은 없다. 말은 인간의 삶을 윤택하고 편리하게 해 주는 가장 기본적인 커뮤니케이션 수단이다.

고래의 노래를 들어본 적 있는가? 고래는 무리지어 이동하는 습성이 있는데, 각 무리끼리만 통하는 언어를 이용해 의사소통을 한다. 바다 속은 시계(視界)가 낮지만 소리의 전파가 멀고 빠르게 전달된다는 특성이 있다. 따라서 고래들은 울부짖는 소리로 주파수를 내보내 자신이나 동료의 위치, 먹이, 지형을 알린다. 또한 고래는 노래를 작곡할 줄 알고 때에 따라 노래를 바꾸어 부르기도 한다는데, 실제 미국의 지리학 잡지 《내셔널 지오그래픽》에서는 돌고래의 노래를 음반으로 만들기도 했다.

일부 조류학자들은 새들의 지저귐이 일정한 법칙을 지닌 의사소통 수단이라고 주장한다. 언뜻 듣기에는 단순한 노래 같지만 자세히 들어보면 지저귐의 형태, 즉 노랫소리가 여러 종류라는 것이다. 가령 참새들은 날아갈 때와 날고 있을 때, 내려앉을 때의 지저귐이 각각 다르고, 위기가 닥쳤을 때는 떼를 지어 외침으로써 위기 상황을 알린다. 또 갓 부화한 피리새를 카나리아 둥지에 옮겨 기르니 카나리아처럼 노래했다는 실험 결과처럼, 새의 지저귐이 상황에 따라 달라지거나 후천적인 학습에 의해 습득되기도 한다는 사실은 매우 흥미롭다.

이러한 동물의 의사소통 수단을 과연 인간의 언어와 같은 개념으로 볼 수 있을까? 수십만 개의 어휘를 사용하는 인간과는 질적으로 차이가 나겠지만, 포유동물은 20~40개, 조류는 15~25개, 어류는 10~15개의 어휘를 이용해 의사소통을 하고 있다. 하지만 동물의 커뮤니케이션은 자연적이고 본능적인 행위이기 때문에 이를 언어라고 하기에는 무리가 따른다.

침팬지가 어휘와 기호를 습득했다 하더라도 반복된 훈련에 의한 단순한 기억일 뿐, 습득한 것 이외의 새로운 문장은 이해하지 못한다. 카나리아 둥지에서 자란 피리새도 유전이 아닌 후천적으로 지저귐을 배우긴 했지만 다른 새의 무리에 간다고 해서 또 다른 지저귐을 습득할 수 없는 것이다.

반면 인간은 태어남과 동시에 정해진 신호 체계를 갖는 동물과는 달리 성장하면서 점점 고도화된 언어를 습득하고, 새로운 말들을 끊임없이 조합하고 만들어 낸다. 한국인 부모님 사이에서 태어나 한국어를 사용하던 아이가 미국으로 건너가면 영어라는 또 다른 언어를 익힐 수 있으며, 일방적인 상황 전달에 그치는 것이 아니라 상호작용을 한다는 점에서도 동물의 언어와 크게 다르다.

즉 인간의 언어는 본능이 아니라 필요에 의해 습득하게 되는 지식이며, 유동적이고 창조적인 하나의 문화이다. 동물이 나름의 의사소통 수단을 가지고 있다고 해도 하나의 신호 체계일 뿐 언어가 되기에는 불충분하다. 이것이 바로 인간의 언어와 동물의 언어를 같은 개념으로 볼 수 없는 이유인 것이다.

커뮤니케이션은 흔히 '대화'라는 용어로 사용되면서 인간 상호작용에 매우 중요한 역할을 담당하고 있다. 소통을 잘할 수 있는 요인은 수없이 많다. 나의 성격·나이·성(性)과 상대방의 성격·나이·지위·성(性) 그리고 나와 상대방이 처한 상황 등 무수하고 다양하다. 여기서 커뮤니케이션에 도움이 되는 일반적인 원리들을 소개하면 다음과 같다.

첫째, 자신을 사랑하고 신뢰할 줄 알아야 한다. 자신을 진정으로 사랑하고 신뢰하는 사람은 자신의 가치와 존엄을 아는 사람이다. 자신의 생명을 귀중히 여기면, 진실로 타인의 생명도 귀중히 여기는 것과 마찬가지 이치이다.

둘째, 타인을 사랑하고 신뢰해야 한다. 타인을 사랑하고 신뢰하면 타인에 대한 자신의 행동이 항상 바르고 섬세한 배려를 하게 된다. 또한 이러한 사람과 신뢰는 타인의 마음을 따뜻하고 신뢰 있게 만들어 준다.

셋째, 어떤 일이든 자신에 대한 이익보다는 공정성을 먼저 생각해야 한다. 어떠한 일을 하게 될 때 '이렇게 하는 것이 옳은가, 저렇게 하는 것이 옳은가'라는 생각보다 '어떻게 해야 나에게 이익이 될까?' 하는 생각이 앞서기 쉽다. 그렇게 될 때 공정성을 잃기 쉽다. 공정성보다 이기심이 앞서면 순간적으로는 그것이 자신에게 유리하고 이익이 되지만 장기적으로 보면 자신에게 커다란 손실을 가져오게 된다.

넷째, 자신의 의사 표현과 타인의 의견 수용을 잘해야 된다. 의사소통은 인간관계에서 매우 중요한 요소이다. 의사소통을 잘하기 위해서는 자신과 타인의 신분과 처지, 논리적이고 합리적인 의사 표현 방법, 상대방의 감정을 거슬리지 않는 의사 표현 방법, 타인 의견의 청취 방법, 경어와 평어의 사용, 적절한 제스처 등을 고려해야 한다.

다섯째, 말과 행동에 신의가 있어야 한다. 말과 행동이 일치하지 않거나 자주 변화하거나 또는 약속을 잘 지키지 않으면 신뢰관계를 맺을 수 없다.

여섯째, 경쟁과 협동을 조화롭고 바르게 해야 한다. 경쟁과 협동을 조화롭게 잘하는 것은 바람직한 관계를 형성하는 데 뿐만 아니라 일, 직업에서 만족한 성취를 이루는 데 중요한 역할을 한다.

> 생각,
> 뒤집고

의인(義認)의 인간관계와 소망

　　의인(義認, justification), '의롭다'라는 그리스 어 'dikaiōsis'는 두 가지로 해석할 수 있는데, 실제는 의롭지 않은 인간을 하나님이 의롭다고 인정한다는 의인(義認)이요, 또 하나는 하나님이 인간을 현실적으로 의롭게 만들어 나간다는 성의(成義)이다. 프로테스탄트의 신학자, 특히 루터는 앞의 해석을 강하게 주창한 데 반하여, 가톨릭 신학에서는 뒤의 해석에 따르고 있다. 전자에 따르면 의인은 '죄사함'과 거의 같은 뜻이 된다. 후자에 따르면 성의는 '죄를 깨끗이 함', 즉 '성화(聖化)'라는 의미와 비슷하게 된다.

　　의인으로서 인간관계를 한마디로 정의하기란 쉬운 일이 아니다. 즉, 인간관계는 천태만상의 관계적인 형태로 우리의 사회에 존재하고 있기 때문이다. 인간은 사회적 동물로 타인과의 지속적인 교류를 통해서만 살아갈 수 있는 존재이다. 클링거(Klinger, 1977)는 거의 모든 사람들이 사랑 받고 자신을 필요로 한다는 것을 느끼는 것이 중요하다고 지적한다. 머슬로우(Maslow)는 인간은 기본적으로 다섯 가지 종류의 기본적인 욕구(생리적 욕구, 안전 욕구, 사회적 욕구, 자존의 욕구, 자아실현의 욕구)를 가지고 있다고 주장하였는데, 그 세 번째 단계의 욕구가 바로 사랑과 소속의 욕구이다. 이러한 기본적인 욕구들을 성취하기 위해 인간관계는 가장 중요하고 올바른 인간관계 형성을 위한 여건들(대가족 시대와 핵가족 시대, 자녀 양육에 대한 변화, 정보통신의 발달로 인해 타인과의 교류는 점차 자리를 잃어감.)이 많이 변화되었다는 데에서 그 중요성을 찾을 수 있다.

인간관계는 태어나면서부터 죽을 때까지 인간들의 삶을 영위하는 데 관련되는 모든 문제들을 해결하고 살아가는 인생의 과정이다. 또한 환경과 전통 문화의 규범에 따라 순리적이고, 지속적인 인간다운 삶을 영위하기 위한 과정이라고 할 수 있다. 인간관계란 타인과의 상호작용을 통해서 이루어지는 사회 과정으로, 효과적인 인간관계는 그 관계에 참여하는 개인들에게 매우 중요한 역할을 해 준다. 한 인간으로 생존하기 위해서, 정체감을 확립하기 위해서, 그리고 건전한 성격 발달을 위해서 우리는 타인들과 상호작용하는 관계를 필요로 한다.

바쁘게 살아가는 현대인들은 다원화되고 경제적으로 여유가 있으며, 정보기술의 발달로 사람들 간 사이버상의 접촉 양은 증가되었고, 짧은 시간에 많은 사람들을 만날 수 있게 되었다. 그러나 만남의 질이 피상적인 수준에 머무는 것이 인간관계에서의 고립을 가져오는 문제

점이라고 볼 수 있다. 결국, 인간이 아무리 사회적 존재라 하더라도 인간관계는 사회 조직 속에서 자연히 이루어지는 것이 아니며, 학문적 성취와 대등한 관계에서 우리의 건강한 삶을 위해서 반드시 습득되어야 할 하나의 능력 요인이다. 이 능력은 타고날 수도 있지만 키워질 수도 있다. '나'와 '너' 그리고 '우리' 사이에 대한 친밀하고 깊이 있는 인간관계는 저절로 이루어지는 것이 아니다. 긍정적인 인간관계는 인간관계에 대한 깊은 관심과 더불어 실제적인 노력, 그리고 훈련을 통해서 이루어지는 소중한 열매라고 볼 수 있다.

 인간관계는 삶의 중요한 영역이다. 더구나 요즘처럼 핵가족 내에서 생활하며 일찍 사회화 과정을 거치는 현대인에게는 실생활에서 부딪히게 되는 문제들에 대처하는 학습이 필요하다. 그러나 인간관계에 대해서는 아무도 가르쳐 주지 않는다. 각자 일상생활 속에서 체험을 통해 터득해야 하는 것이 우리의 현실이다. 설사 적절한 기술을 배웠더라도 현실생활에서의 인간관계는 너무나 복잡하고 미묘하여 체계적으로 이해하고 효율적으로 실행하기 어려운 것도 사실이다.

 유명한 역사학자 아놀드 토인비는 도전만이 새 역사를 창조한다고 했다. 토인비는 81세가 되어서도 이런 글을 썼다. "사람이 늙으면서 과거에 붙들려 있으면 불행하다. 또한 미래에 대하여 눈을 뜨지 않으려는 약한 마음도 생긴다. 이것은 모두 후회하는 자세이며 몸이 죽기 전에 이미 죽은 상태이다. 몸이 늙어도 계속 배워야 한다. 희망을 가지고 내다보는 용기가 사람을 젊게 한다."고 했다. 꿈이 없는 백성은 망한다고 했다. 몸이 젊고 늙은 것이 문제가 아니라 꿈이 없는 것이 문제인 것이다. 여린 식물들도 제 나름대로 열매를 맺는다. 우리도 인생의 탐스럽고 아름다운 열매를 맺으려는 꿈을 가져야 하는 것이 의인의 참되고 복된 길이다. 오늘은 내 인생의 마지막 날이 아니다. 바로 내 인생의 내일을 시작하는 첫날인 것이다. 우리의 내일을 향해 더 좋은 꿈을 가져야 한다. 소망은 사람을 젊고 용기 있게 만든다. 소망과 꿈과 실천적 의지가 있는 의인으로서 열매를 거둘 수 있는 인간관계 단계를 참고하면 좋을 것이다.

1) 첫인상의 호감

인간관계 발전의 첫 번째 단계는 최초의 대면 후 각자가 가지는 상대방의 첫인상에 대한 호감의 정도로 호감의 정도가 높으면 상호간의 인간관계가 다음 단계로 발전되는 반면, 호감의 정도가 낮으면 양자 간의 인간관계는 단절되기도 한다. 물론 호감을 주는 첫인상이 지속적인 인간관계를 유지해 준다는 보장은 없지만 개인이 보여 주고 있는 첫인상이 인간관계 발전에 있어서 얼마나 중요한 것인지를 알 수 있다.

2) 상호 기대감의 형성

상대방에 대한 호감적 첫인상이 형성되고 나면 장기적인 인간관계 유지를 위한 상호 기대감의 형성 단계로 발전하게 된다. 즉, 신입사원은 상급자가 친절하고 공정하게 자기를 대해 주기를 기대하며, 자기를 지지해 주고 자기의 욕구를 충족시켜 주길 기대하는 반면에, 상급자는 신입사원이 생산적이며 조직에 충성심을 가지고 조직의 규범과 규칙을 준수하여 주길 기대하는 것이다. 상호간에 이러한 기대감이 형성되면 다음 단계로의 인간관계가 발전되는 반면, 기대감이 형성되지 못하면 상호간의 인간적 인간관계는 어려워지는 셈이 된다.

3) 심리적 계약의 준수

상대방에 대한 기대감이 형성되고 난 다음, 상호간의 관계 유지는 당사자 모두 상대방의 기대감을 충족시켜 주기 위한 노력의 정도와 결과에 의하여 결정되는데, 이 단계를 '심리적 계약의 준수'라 한다. 이 단계는 상대방이 제3자의 자세가 아닌 관계를 당사자로서의 적극적이며, 진실하고 정직한 행동을 통하여 다른 상대방의 기대를 충족시켜 주지 못하는 경우가 종종 있을 수 있다. 이때는 상대방에게 적어도 '당신의 욕구를 충족시켜 주기 위해 최대한의 노력을 했다.'는 것을 구체적으로 확신시켜 주어야 한다. 또한 인간관계를 성공적으로 유지하기 위해서는 상대방이 무엇을 기대하고 있는가를 정확히 알아야 하고, 기대를 충족시켜 주기 위한 행위가 정직하고 진실성이 있어야 하며, 예측 가능하여야 할 것이다.

4) 신뢰와 영향력 행사

상호간 기대 사항을 충족시켜 주는 빈도수가 높으면 높을수록 인간관계는 상호 신뢰 및 영향력의 행사 단계로 발전하게 된다. 신뢰는 진실한 인간관계 유지의 중요한 요소로서 상대방이 상호간 형성된 심리적 계약을 잘 준수할 것이라는 신념을 갖는 것이다. 상호 신뢰와 더불어 인간관계는 양관계자가 상호간에 영향력을 행사하는 단계로 발전한다. 영향력 행사라는 것은 인간관계 형성의 초기 단계인 첫인상에서 상호 신뢰까지 형성되어 온 인간관계를 바탕으로 상대방의 사고, 태도 및 행위에 변화를 일으키는 것을 의미한다.

데이브스(K. Davis) 교수는 일반적으로 인간관계를 다음과 같이 표현하고 있다.

- 조직의 한 구성원으로서 상호 협동적이고 생산적으로 어울릴 수 있도록 하는 것
- 서로가 상대의 경제적·사회적·심리적 욕구를 충족시켜 주는 것
- 전체적인 조직 상황에 적응할 수 있도록 조직 구성원들을 통합시키는 작용을 하는 것

조직 내 원만한 인간관계 없이는 애사심이나 노사 협력이 있을 수 없으며, 어떤 변화나 혁신도 성공시킬 수 없다. 경쟁이 치열해질수록 인간관계가 무너지는 현상이 회사나 사회 각층에서 많이 일어나고 있지만 그래도 의(義)로운 인간관계로서 끈끈한 관계를 창조해 가야 한다.

> 생각,
> 뒤집고

사소한 것들과 깨진 유리창 이론

1000번의 기도보다 단 한 번의 행동으로 단 한 사람의 마음에 기쁨을 주는 것이 낫다.

−마하트마 간디−

우리 세대의 가장 위대한 발견은 마음 자세를 바꿈으로써 삶을 바꿀 수 있다는 사실이다.

−윌리엄 제임스−

 빨간 신호등에 길을 건너는 사람을 막을 수 없다면 강도도 막을 수 없다. "바늘도둑이 소도둑 된다."는 속담과 같다. 경범죄를 잡아야 중범죄를 잡는다. 이런 범죄학의 가정으로, 뉴욕은 범죄율을 획기적으로 줄였다. 낙서를 없앴더니 강간이 줄어버린 것이다. 결과가 그러니 검증된 이론은 법칙이 되어 전해진다.

 '깨진 유리창 이론(Broken Windows Theory)'은 미국의 범죄학자인 제임스 윌슨과 조지 켈링이 1982년 3월에 공동 발표한 '깨진 유리창(Fixing Broken Windows: Restoring Order and Reducing Crime in Our Communities)'이라는 글에 처음으로 소개된 사회 무질서에 관한 이론이다. 깨진 유리창 하나를 방치해 두면 그 지점을 중심으로 범죄가 확산되기 시작한다는 이론으로, 사소한 무질서를 방치하면 큰 문제로 이어질 가능성이 높다는 의미를 담고 있다.

　깨진 유리창의 법칙을 증명하는 재미있는 실험이 있다. 1969년, 스탠포드 대학의 심리학자 필립 짐바르도 교수에 의해 실행된 매우 흥미 있는 실험이 그것이다. 우선 치안이 비교적 허술한 골목을 고르고, 거기에 보존 상태가 동일한 두 대의 자동차를 보닛을 열어 놓은 채로 1주일간 방치해 두었다. 다만 그 중 한 대는 보닛만 열어 놓았고, 다른 한 대는 고의적으로 창문을 조금 깬 상태로 놓았다. 약간의 차이만이 있었을 뿐인데 1주일 후, 두 자동차에는 확연한 차이가 나타났다. 보닛만 열어 둔 자동차는 1주일간 특별히 그 어떤 변화도 일어나지 않았다. 하지만 보닛을 열어 놓고 차의 유리창을 깬 상태로 놓아둔 자동차는 그 상태로 방치된 지 겨우 10분 만에 배터리가 없어지고 연이어 타이어도 전부 없어졌다. 그리고 계속해서 낙서나 투기, 파괴가 일어났고 1주일 후에는 완전히 고철 상태가 될 정도로 파손되고 말았던 것이다. 단지 유리창을 조금 파손시켜 놓은 것뿐인데도 그것이 없던 상태와 비교해서 약탈이 생기거나 파괴될 가능성이 매우 높아진 것이다. 게다가 투기나 약탈, 파괴 활동은 단기간에 급격히 상승하게 된다는 것을 알 수 있었다.

　이 실험에서 사용된 '깨진 유리창'이라는 단어로 인해 'Broken Window'라는 새로운 법칙이 만들어졌다. 이러한 '깨진 유리창 법칙'은 나중에 세계 유수의 범죄 도시 뉴욕 시의 치안 대책에도 사용되었다.

1980년대, 뉴욕 시에서는 연간 60만 건 이상의 중범죄 사건이 일어났다. 당시 여행객들 사이에서 '뉴욕의 지하철은 절대 타지 말라.'는 말이 공공연하게 나돌 정도로 뉴욕 시의 치안은 형편없었다. 미국의 라토가스 대학의 겔링 교수는 이 'Broken Window' 법칙에 근거해서 뉴욕 시의 지하철 흉악 범죄를 줄이기 위한 대책으로 낙서를 철저하게 지우는 것을 제안했다. 낙서가 방치되어 있는 상태는 창문이 깨져 있는 자동차와 같은 상태라고 생각했기 때문이다. 당시 교통국의 데빗 간 국장은 겔링 교수의 제안을 받아들여서 치안 회복을 목표로 지하철 치안 붕괴의 상징이라고도 할 수 있는 낙서를 철저하게 청소하는 방침을 내세웠다. 범죄를 줄이기 위해 낙서를 지운다는 놀랄 만한 제안에 대해서 교통국 직원들은 우선 범죄 단속부터 해야 한다고 반발했다. 물론 당연한 반응이다. 대부분의 사람들은 낙서도 문제지만, 우선은 그런 작은 문제보다는 큰 문제인 흉악한 중범죄 사건을 어떻게든 빨리 단속해야 한다고 생각할 것이다. 그러나 간 국장은 낙서를 지우는 것을 철저하게 행하는 방침을 우선 단행했다. 지하철의 차량 기지에 교통국 직원이 투입되어 무려 6000대에 달하는 차량의 낙서를 지우는, 그야말로 터무니없는 작업이 수행되었던 것이다. 낙서가 얼마나 많았던지, 지하철 낙서 지우기 프로젝트를 개시한 지 5년이나 지나서야 드디어 모든 낙서 지우기가 완료되었다고 한다.

낙서 지우기를 하고 나서 뉴욕 시의 지하철 치안은 어떻게 되었을까? 믿기 어렵겠지만, 그때까지 계속해서 증가하던 지하철에서의 흉악 범죄 발생률이 낙서 지우기를 시행하고 나서부터는 완만하게 되었고, 2년 후부터는 중범죄 건수가 감소하기 시작하였다. 결과적으로 뉴욕의 지하철 중범죄 사건은 놀랍게도 75%나 급감했다.

그 후 1994년, 뉴욕 시장에 취임한 루돌프 줄리아니 시장은 지하철에서 성과를 올린 범죄 억제 대책을 뉴욕 시 경찰에 도입했다. 낙서를 지우고 보행자의 신호 무시나 빈 캔을 아무데나 버리기 등 경범죄의 단속을 철저하게 계속한 것이다. 그 결과, 범죄 발생 건수가 급격히 감소했고, 마침내 범죄 도시의 오명을 불식시키는 데 성공했다.

지하철의 낙서를 지우는 것이 그 주변 범죄율을 감소시킨 것처럼 우리는 보이지 않는 어떤 파장에 의해 모두 연결되어 있는지도 모른다. 그래서 한 가지가 변화하게 되면 그 주변까지 변화하게 되는 것이다. 우리 주변을 깨끗하게 청소해 보자. 우리에게 좋은 일이 일어날지도 모른다.

이를 기업경영에 적용해 보면 품질 불량에는 즉각 대응해야 한다. '1대 10대 100' 이론이 있다. 원재료 때 불량이 발견되었더라면 1의 비용 지출이 되지만, 생산 도중에 발견하면 10의 비용 지출이 되고, 생산된 제품이 고객에게 넘어간 뒤 발견되면 100의 비용 지출이 된다는 것이다. 'Ten-Ten-Ten' 법칙이라는 것도 있다. 기존 고객을 유지하는 데 비용은 1$, 기존 고객을 잃어버리는 데 10분, 잃어버린 고객을 다시 찾는 데 10년이 걸린다는 것이다. 또 기존 고객을 유지하는 데

드는 비용은 새로운 고객을 창출하는 비용의 5분의 1이면 성공하고, 불평불만을 느끼고 떠난 고객을 다시 돌리기 위해서는 기존 고객을 유지하는 데 들어가는 비용의 11배가 들어간다고 한다.

TV 프로그램 '다큐멘터리 이야기 속으로'에 나온 내용이다. 한 남자가 해수욕장에서 모래찜질을 하다가 잠이 들었다. 지나가던 사람이 다 먹은 수박을 하나 버렸다. 이후 그 주변이 쓰레기장으로 변했다. 잠자던 남자는 쓰레기 더미에 묻혀 버렸다. 최초의 수박 조각 하나가 바로 깨진 유리창인 것이다. 이 같은 문제를 막으려면 수박 조각 하나를 발견했을 때 '즉각 대응' 하여 치우라는 교훈을 주고 있다.

무시해도 좋을 만큼 사소한 일이란 없다. 작은 차이가 우리의 인생과 비즈니스의 운명을 바꾸기도 한다. 오늘날 많은 기업들은 위기를 운운하며 끊임없는 변화를 꾀하고 있다. 그러나 미래의 경영전략이나 원대한 비전에는 많은 노력과 시간을 투자하면서도 정작 현재 기업을 갉아먹고 있는 사소하거나 치명적인 것, 즉 깨진 유리창들에는 눈을 돌리지 못하고 있다. 똑같은 제품이나 서비스를 제공하는 데 어떤 회사는 승승장구하고 어떤 회사는 왜 실패하는 것일까? 잘 나가던 회사가 문을 닫게 되는 이유는 무엇일까? 해답은 바로 깨진 유리창 법칙에서 찾을 수 있다. '이거 하나 정도는 적당히 넘어가도 괜찮겠지.'라며 소홀히 해왔던, 그 깨진 유리창에 우리가 왜 주목해야 하는지 작은 것의 위대함을 느낄 수 있다.

'깨진 유리창 법칙'이란, 간단히 말해 고객이 겪은 한 번의 불쾌한 경험, 한 명의 불친절한 직원, 정리되지 않은 상품, 말뿐인 약속 등 사소한 실수가 결국은 우리의 앞날을 뒤흔든다는 법칙이다. 친구나 부부 사이에서도 사소하게나마 신뢰가 깨진다면 그 사람의 신뢰도가 낮아지는데, 기업과 고객의 관계에서는 얼마나 큰 작용을 하겠는가.

이 이론은 기업경영과 조직 관리에 적용하는 방법도 제시해 주고 있다. 즉 기업이나 조직에서 깨진 유리창 문제는 어떻게, 그리고 왜 발생하는지, 깨진 유리창은 어떻게 고쳐야 하는지, 깨진 유리창을 신속히 고친 기업이 얼마나 큰 이익을 얻을 수 있는지에 대해 생생하게 보여 주고 있다.

우리에게는 누구나 깨진 유리창이 존재할 가능성이 다분하다. 깨진 유리창의 법칙, 그 내용을 실천한다면 각자의 위치에서 좋은 결과를 얻을 수 있으리라 확신한다. 작다고, 사소하다고 중요하지 않은 게 아니다. 그 작은 것이 쌓이면 중요한 것이 되고, 또한 그 작은 것이 무너지면 되돌리기 힘들다. 무너지기 전에 조치를 취하고, 행동해야 하며, 작은 일에도 책임감과 신뢰감을 가지고 항상 노력해야 할 것이다.

한 중국 기업이 유럽으로 냉동 새우 1000t을 수출했다. 통관 절차를 밟던 중 이물질이 발견됐다. 0.2g의 항생제가 문제였다. 새우를 손질하던 직원의 손에 묻어 있던 약이 섞여 들어갔던 것이다. 결국 이 새우는 전량 폐기됐다. 0.2g이 50억 배에 달하는 1000t 물량의 수출을 망친 것이다. 도대체 이를 어떻게 설명해야 할까? 경영서인 『디테일의 힘(원제·細節決定成敗)』의 저자 왕중추(汪中求)는 그 원인을 '디테일(Detail)'에서 찾는다. 세심함이 결여된다면 언제든지 나타날 수 있는 현상이라는 얘기다. 그는 '100-1=0'이라는 명쾌한 논리로 이를 설명했다.

미국 버몬트 주 틴마우스에서 매사추세츠 주 길(Gill) 시로 가는 길에 '웨곤 휠'이라는 식당이 있다. 인근에 다른 식당도 많이 있지만 유독 이 식당에 손님이 몰린다. 비결이 무엇일까? 음식 맛도 좋고 직원들도 친절하지만 가장 큰 자랑거리는 화장실이다. 이 식당의 화장실은 눈이 부시도록 깨끗한 것으로 유명하다.

베스트셀러 『초우량 기업의 조건』으로 유명한 세계적 경영학자 톰 피터스는 저서 『리틀 빅 씽(The Little Big Things)』에서 "사소함이 전체를 결정한다."면서 잘나가는 식당을 만들기 위해 가장 중시해야 할 것은 화장실 청결 등 식당이 갖추어야 할 기본에 충실하는 것이라고 강조한다. 글로벌 금융 위기를 촉발시킨 미국발 서브프라임 모기지(비우량 주택담보대출) 사태 역시 금융회사들이 돈을 빌려 줄 때 담보 가치를 철저히 따지는 기본에 충실하지 않아서 발생한 것이라고 따끔하게 지적한다.

『리틀 빅 씽』은 톰 피터스가 처음 펴낸 자기계발서이다. 그는 2004년부터 자신의 블로그에 게재한 성공 법칙에 관한 글을 모아 이 책을 출간했다. 그는 이 책에서 우리가 모두 잘 아는 평범하면서도 기본적인 상식에 성공의 비밀이 숨어 있다며 사소함, 유연성 등 41가지 키워드로 163가지 성공 법칙을 제시한다. 그는 한국어판 서문에 "기업경영을 컨설팅하고 강의를 진행하면서 세상이 아무리 바뀌어도 변하지 않는 소중한 가치가 있다는 사실을 자연스럽게 깨닫게 됐다."면서 "그 소중한 가치는 많은 기업인이나 개인이 대수롭지 않게 생각하는 것들, 즉 사소한 것들"이라고 거듭 강조했다.

III

생각,

바꾸고
뒤집고
디자인하라

생각, 디자인하라

최고의 선물(present)은 '현재(present)'

> 시간은 우리 각자가 가진 고유의 재산이요, 유일한 재산이다. 그것을 어떻게 사용할 것인지 결정할 수 있는 것은 오로지 우리 자신뿐이다. 결코 그 재산을 남이 우리 대신 사용하지 않도록 조심하라.
> —칼 샌드버그—

"게으른 사람은 석양에 바쁘다."는 말이 있다. 계획을 세우고 하루를 살아 본 사람이라면 그것이 무계획적으로 삶의 현장에 나서는 것보다 얼마나 삶이 명확해지고 자신감이 생기는가를 경험해 보았을 것이다. 시간은 누구에게나 똑같이 주어지는 법인데, 어떤 사람은 계획을 세워 효율적으로 시간을 활용하는 반면, 또 어떤 사람은 그렇지 못해 하루가 다 가는 저녁 무렵에 바쁘게 움직인다. 당신은 석양에 바쁜 사람이 되지 않기 위해 어떤 노력을 하고 있는가?

계획은 우리가 그냥 지나칠 수 있는 아주 작은 시간까지 활용할 수 있게 해 주기 때문에 중요하다. 그리하여 쓸모없이 보내는 시간을 줄이고 나름대로 성실한 시간을 보낼 수 있다. 어떤 분야에서든지 앞서 가는 사람이나 성공하고자 하는 사람은 시간의 중요성을 잘 알고 있으며 시간은 우리가 소유하고 있는 자원 중에서도 빼놓을 수 없는 귀중한 자원이라는 것을 잘 알고 있다. 만약 우리에게 귀중한 자원인 시간이 없다면 다른 것들은 모두 무의미할 수 있다. 어떤 면에서 시간은 우리가 소유하고 있는 모든 것이라고 할 수 있다.

  우리의 삶이 얼마나 시간과 연관되어 있는가를 생각해 보자. "오늘 아침 6시에 일어났다.", "그 일은 며칠이 걸렸다.", "즐거운 식사시간", "아, 오늘은 참 좋은 아침이구나!", "아! 오늘은 참 지루한 하루였다.", "아, 세월이 너무 빨리 지나가는구나!" 이와 같은 말들은 모두 시간과 관계된 말이다. 이런 말들을 우리는 수없이 사용하고 있다. 우리는 시간을 소비하며, 시간을 만들기도 하고, 시간을 주기도 하고, 시간을 받기도 하고, 시간을 사기도 하며, 시간을 관리하기도 한다. 또한 시간은 사건의 리듬이라고 할 수 있다.

  현대인들은 전자시계로 시간을 측정하지만, 시계가 없었던 옛날 사람들은 해나 달이 뜨는 것을 보고 시간을 측정했다. 어느 경우건 시간은 사건과 사건의 연속인 것이 분명하다. 그래서 사람들은 자기 나름대로 시간의 개념을 사물과 비교해서 말하기도 한다.

(보이지 않기 때문에)-시간은 바람과 같다거나

(흘러가기 때문에)-시간은 강물과 같다거나

(사람을 얽매이게 하기 때문에)-시간은 족쇄와 같다거나

(다시 사용하지 못하기 때문에)-시간은 1회용 라이터와 같다거나

(좋기 때문에)-시간은 애인과 같다거나

코카콜라 전 회장이었던 더글러스 테프트(Douglas Taft)의 임직원을 대상으로 한 신년사는 '오늘'의 중요성을 일깨워 주고 있다.

일 년의 소중함을 알고 싶으면, 입학시험에 떨어진 학생들에게 물어 보십시오.
일 년이라는 시간이 얼마나 짧은지 알게 될 것입니다.
한 달의 소중함을 알고 싶으면, 미숙아를 낳은 산모에게 물어 보십시오.
한 달의 시간이 얼마나 힘든 시간인지 알게 될 것입니다.
한 주의 소중함을 알고 싶으면, 주간잡지 편집장에게 물어 보십시오.
한 주의 시간이 쉴새 없이 돌아간다는 것을 알게 될 것입니다
하루의 소중함을 알고 싶으면, 아이가 다섯이나 딸린 일일노동자에게 물어 보십시오.
하루 24시간이 정말로 소중한 시간이라는 것을 알게 될 것입니다.
한 시간의 소중함을 알고 싶으면, 약속 장소에서 애인을 기다리는 사람에게 물어 보십시오
한 시간이라는 시간이 정말로 길다는 것을 느끼게 될 것입니다
일 분의 소중함을 알고 싶으면, 기차를 놓친 사람에게 물어 보십시오.
일 분의 시간이 소중하다는 것을 알게 될 것입니다
일 초의 소중함을 알고 싶으면, 간신히 교통사고를 모면한 사람에게 물어 보십시오

일 초라는 그 짧은 시간이 운명을 가를 수 있는 시간이라는 것을 알게 될 것입니다.

당신에게 다가오는 모든 순간을 소중히 여기십시오. 시간은 아무도 기다려 주지 않습니다. 어제는 이미 지나간 역사이며, 미래는 누구도 알 수 없는 신비일 뿐입니다. 오늘이야말로 당신에게 주어진 최고의 선물입니다. 그래서 우리는 '현재(present)'를 '선물(present)'이라고 부릅니다.

왜 오늘, 현재가 최고의 날이고 최고의 선물인지 여기에 그 네 가지 이유가 있다. 첫째, 당신이 지금 현재 이 순간에 존재하고 있기 때문에 오늘은 최고의 날이다. 하나님은 어떤 목적을 위해 당신을 이 순간에 두셨다. 오늘 당신에게 일어날 일들이 그 목적을 펼쳐 보일 것이다. 둘째, 어제 일어난 일이 아무리 쉬워도, 아무리 힘들어도 하나님께서는 그 일을 이용해 당신을 준비시키신다. 오늘 당신에게 무엇인가를 주시기 위해서 말이다. 셋째, 하나님은 오늘 일어나는 일을 이용해 당신을 준비시키신다. 내일 당신에게 무엇인가를 주시기 위해서 말이다. 넷째, 하나님은 당신의 과거를 이용하셨고 선한 일을 위해 그 모든 일을 함께 하셨다. 그리고 하나님은 당신에게 이미 하셨던 그 선한 일에 또 다른 선한 일을 더하시기 위해 오늘을 이용하실 것이다.

시간이 귀중하다는 것은 모두 인정하고 있지만, 각자가 느끼는 정도는 다르게 표현하고 있으며, 시간에 대한 개념은 나라마다 다르고 문화권마다 다르기도 하다. 미국, 서구, 일본과 같은 나라에 사는 사람들은 시간이란 매우 적게 공급되는 것으로 생각한다. 그래서 그들과는 시간 약속을 정확히 지켜야 한다. 그러나 인도, 중동, 중남미 같은 지역 사람들은 시간이란 풍부하게 공급되는 것이라고 생각한다. 그들은 시간 약속에서 1시간 혹은 2시간 늦어도 별로 미안해하지 않는다고 한다. 이런 면에서 시간 개념은 매우 상대적인 개념이라 할 수 있다. '시간'은 이해하기 어려운 주제이기는 하지만 시간에 대한 분별력을 끊임없이 키워 가는 것이 좋은 시간 관리의 필수 조건일 것이다.

연령층에 따라 시간의 개념도 다르게 표현하고 있다. 어릴 때는 시간이 기어간다고 표현하고, 젊었을 때는 시간이 꿈꾸고 대화하며 걸어간다고 표현하고, 어른이 되었을 때 시간은 뛰어간다고 표현하고, 노인이 되었을 때 시간은 번개와 같이 지나간다고 표현한다.

또한 시간에 대한 중요성을 깨닫는 것도 각 연령층마다 다르다. 사람이 12세가 될 때까지는 시간 개념이 거의 없다고 한다. 소년시절에는 시간이 아주 많이 있다고 생각해 시간을 잘 활용하지 못한다. 청년이 되어도 시간에 대한 개념을 올바로 갖지 못하지만 욕망이 많기에 이것저것 다 해 보려고 한다. 자기 분수를 모르기 때문에 계획을 잘 세우지 못한다고 한다. 비로소 30대가 되어서야 시간의 중요성을 깨닫기 시작한다는 것이다.

시간의 종류를 살펴보면 다양함을 발견할 수 있다. 양적인 시간과 질적인 시간이 있는데, 양적인 시간은 달력이나 시계로 표시될 수 있는 시간을 뜻하고, 질적인 시간은 어떤 사건을 일으키게 하는 중요한 시간을 말한다. 질적인 시간을 '타이밍', '시기', '위기'라고 할 수 있다. 그러나 양적인 시간도 중요하다. 어떤 가치 있는 일을 이루기 위해서는 상당량의 시간이 필요하기 때문이다. 그리고 큰 덩어리 시간과 자투리 시간이 있다. 큰 덩어리 시간과 자투리 시간 중 어느 것이 중요한가 질문해 보면 대답은 세 가지 종류로 나온다. 큰 덩어리 시간이 중요하다는 사람, 자투리 시간이 중요하다는 사람, 그리고 둘 다 모두 중요하다는 사람 등이다.

큰 덩어리 시간은 보통 의도적으로 마련된 1시간 이상의 시간이라고 할 수 있다. 중요한 일, 지속적으로 해야 할 일에 대해서는 큰 덩어리 시간을 할당해야 한다. 이것은 의도적으로 계획해서 마련해야 하는 성질의 것이기 때문이다. 예를 들면 장기 계획, 연구논문, 작품 쓰는 것, 새 발명품 고안 등의 일이다. 중요한 회의를 할 때는 적어도 90분 정도로 회의시간을 할당해야 효과를 거둘 수 있다고 한다.

자투리 시간은 '토막시간', '조각시간', '짬'이라고도 하는데, 이것은 활동과 활동 사이에서 저절로 생겨나는 시간들이다. 예를 들면 1시간 예정된 일을 45분에 해치웠다면 15분의 자투리 시간이 생기며, 9시까지 출근인데 8시 40분에 사무실에 도착했다면 20분의 자투리 시간이 생긴다. 식당에서 식사를 기다리는 시간, 정류소에서 버스를 기다리는 시간, 공항에서 탑승시간을 기다리는 시간 등이 모두 자투리 시간이다. 자투리 시간은 저절로 생기는 경우가 많은데, 하루 활동을 유심히 검토하면 하루에도 수십 차례 자투리 시간이 생기는 것을 발견하게 된다.

따라서 우리에게 주어지는 시간의 의미는 무엇이며, 시간의 중요성을 생각하면서 나 자신을 변화시켜 나갈 수 있는 시간을 창조하고 활용해야 한다.

인생을 살아감에 있어서 조급하게 살아갈 필요는 없지만 최소한의 자기 통제는 필요하다. 개인이나 집단이 비즈니스에서 성공하느냐 그렇지 않느냐는 시간 관리에서 시작된다. 성공하는 사람들의 공통점은 그들이 모두 시간 관리의 고수였다는 점이다. 반면 실패하는 사람들은 예외 없이 시간을 다루는 데에 서툴다는 것이다.

마이크로 소프트의 빌 게이츠 회장에게는 자신만의 오랜 습관이 있었다. 바로 '생각 주간'이라는 것인데, 매년 몇 주간의 기간을 정해두고 엄선한 책들 수십 권을 사들고 방에 틀어박혀 책을 읽으며 조용히 생각하는 것이었다. 그는 40세의 황금기에 잠시 자리에서 물러나 홀로 회사의 미래에 대해 생각하곤 했다. 조용히 생각하는 시간 속에서 과거의 득실을 잘 헤아려 보고 정확한 방향을 잡으면 큰 단위의 시간 낭비를 피할 수 있다는 사실을 그는 알고 있었던 것이다.

모든 위대한 걸작을 만드는 데는 시간이 걸린다. 그러나 시간을 활용하는 법을 진정으로 알고 있는 사람은 얼마나 될까? 시간이라는 것을 구부러뜨리고 조작해서 그것이 당신의 적이 되기보다 동지가 되도록 만드는 것을 배움으로써 우리는 시간을 정복할 수 있다.

> 생각,
> 디자인하라

생애 최고의 날을 사는 사람들의 선택

열심히 일한 당신이 마지막에 받는 금은 '퇴직금'이고, 가진 것은 별로 없어도 나눌 수 있는 아름다운 금은 '기부금'이다. 기쁠 때 전하는 축의금보다 슬플 때 나누는 부의금이 더 소중한 금이다. 황금, 순금, 백금보다 더 멋진 금은 지금, '지금'이다.

"오늘 하루도 평안하셨습니까?", "오늘 하루도 행복하셨습니까?", "오늘 하루도 내 인생 최고의 날을 만들기 위해 얼마나 노력하셨습니까?", "당신은 밤에 잠을 잘 주무십니까?" 살아가면서 누구나 몇 번쯤은 불면증을 겪어 본다. 그러나 대다수는 잠깐씩 일시적으로 겪고 넘어가지만 일부는 불면증이 반복되기도 하는데, 약 열 명 중 한 명은 일상화된 불면증으로 매일 괴로움을 느낀다고 한다. 전 세계적으로 불면증을 포함한 수면 장애는 인구 다섯 명 중 한 명 이상이 경험하거나 앓고 있는 것으로 보고 있다. 즉, 매우 흔한 병이라고도 할 수 있고, 최근에는 그 수가 더 늘고 있다고 한다. 성별로 분석했을 때 여성이 남성보다 1.5배 정도 더 많고, 연령대별로는 40대가 많았다.

계명대 조용원 교수와 대한수면연구회에서 한국 성인 남녀 5000명을 대상으로 조사한 결과, 야간 수면 장애가 있는 사람이 1141명으로, 약 22.8%가 불면증인 것으로 나타났다고 한다. 서양은 전체 성인 인구의 약 20~30%가 야간 수면장애로 고통 받고 있다. 인간에게 가해지는 가장 힘든 고문은 잠을 못 자게 하는 것이라고 하는데, 일제강점기 때 일본 경찰들은 한국 사람들에게 잠을 자지 못하게 하는 고문을 가했다.

스티브 도나휴(Steve Donahue)의 저서 『사막을 건너는 여섯 가지 방법』은 우리 인생을 사막에 비유하면서 인생과 여행의 관계를 아주 잘 나타내고 있다. 저자는 자동차 바퀴가 모래에 빠지는 걸 조심하는 것처럼, 어느 한순간도 서툴게 넘어갈 수 없다는 점에서 인생은 사막이며, 그 사막을 건널 때 어떤 마음가짐이 필요한가를 말하고 있다. 이 책은 '당신이 진짜로 하고 싶은 게 뭔가?'라는 질문을 던지고 있고, 또한 어떤 경로로든 우리의 위치를 돌아보고 깨닫게 해 주고 있다.

요즘 주변 사람들을 만나면서 관심사 두 가지를 발견하게 되었다. 첫 번째로는 자기 자신의 변화이며, 두 번째로는 실천에 대한 구체화인데 어떻게 해야 할지 모르겠다는 것이다. 따라서 우리 스스로에게 '나에겐 정말 목표와 열정이 있는 걸까?'라며 꿈과 목표, 열정에 대해서 다시 한 번 생각해 봐야 할 것이다. '내가 정말로 하고 싶은 일이 무엇이고 어떤 일을 하면 열정을 다할 수 있을까?' 하는 고민을 나 역시도 한다. 분명한 것은 한 가지 목표를 뚜렷하게 세워 계획적인 삶을 살며 끊임없이 도전하고 그 목표를 달성할 수 있다고 기대하며, 기도하고, 기다리면 기적을 이룰 수 있다는 것이다. 기적이란 먼 곳에 있는 정말 남들이 이루지 못한 무엇을 이루는 것이 아니다. 포기하지 않고 자신의 목표를 이루는 것도 기적이다.

삶의 기적은 변화로부터 시작된다. 변화의 법칙은 창조주가 인간을 다른 동물과 구분하려고 준비한 장치이다. 또한 우리가 습관과 사고방식을 끊임없이 새롭게 가다듬어 삶의 궁극적 목표라 할 수 있는 조화로운 인간관계를 구축해 내기 위한 장치이기도 하다. 삶의 진정한 길은 순간순간을 낭비하지 않는 기적으로 만드는 것이다. 그렇다. 오늘은 기적이다. 그리고 오늘은 또다시 되풀이되지 않는다는 것도 기적이다. 새로움을 추구하고 개척한 등반가, 탐험가, 여행가 중에는 작고 왜소하며 심지어 병을 가진 사람도 있다. 이것은 육체적 힘보다도 정신력과 영적인 능력이 성공에 더 큰 영향을 미치며 위대한 행위는 위대한 이상에서 비롯된다는 사실을 보여 준다.

시각장애를 극복한 20세기 최고의 뮤지션인 스티브 원더(Stevie Wonder)를 떠올려 본다. 1980년대 불후의 명곡 'lately'로 큰 히트를 치며 음악계의 신이라고 해도 무색할 정도로 시각장애인이지만 세계적으로 최고의 뮤지션임을 인정받은 가수였다. 그는 조산아로 태어나

출생 직후 들어간 인큐베이터 안에서 산소 과다 공급으로 실명하고, 어려서부터 가난하고 흑인이라며 주위로부터 많은 상처를 받으면서 힘들게 자랐다.

스티브 원더가 학교에 다닐 때 쥐가 나타났는데, 그때 선생님이 스티브 원더에게 쥐가 어디에 있는지 맞춰 보라고 했다(선생님은 눈이 보이지 않는 사람들은 청력이 유난히 예민하다는 걸 알고 계셨다.). 스티브 원더가 자신의 예민한 청력으로 구석에서 새어나온 쥐 소리를 듣고는 쥐가 어디에 있는지 알려 주어 선생님은 쥐를 잡을 수 있었다고 한다. 나중에 그 선생님이 스티브 원더를 불러서 이런 말을 했다.

"넌 우리 반의 어떤 아이도 갖지 못한 능력을 가지고 있어. 그건 바로 너의 특별한 귀란다."

이 따뜻한 말 한마디는 스티브 원더의 인생을 바꾸었다고 한다.

스티브 원더는 눈이 보이지 않는 약점이 있었지만, 탁월한 청력이 있다는 장점을 알아냈다. 이후 그는 자신만의 독창적인 창법으로 노래하고, 모든 곡들을 도맡아 작곡하며, 편곡 제작까지 하면서 많은 히트곡들을 냈다. 그는 정말 뛰어난 음악적 재능으로 시각장애를 이겨낸 기적적인 사람이며, 새로운 세대의 전자 키보드 악기를 받아들인 선구자로 꼽힌다. 스티브 원더는 20세기 후반 가장 창조적인 음악가 중 한 사람으로 평가 받고 있다. 무엇을 잘해서가 아니라 그 극복하기 힘든 상황에서도 포기하지 않은 점은 존경스럽기까지 하다.

애벌레가 아름다운 나비로 태어나기 위해서는 스스로 자신의 허물을 벗어 내야만 한다. 이처럼 현실의 고통을 인정하고 극복하려는 의지를 가져야 한다. 절망에서 희망을 찾고 비극을 이겨 내는 과정을 통해 미래를 설계할 수 있어야 한다.

전 세계적으로 장기간 꾸준한 인기를 얻고 있는 《리더스 다이제스트(Reader's Digest)》는 가장 감동적인 이야기들을 추려 따뜻한 이야기를 전하는 성공 지침서로 자리잡고 있다. 우리는 매일매일, 하루를 어떻게 보내고 있는가, 생애 최고의 날을 사는 사람들은 어떤 선택을 하고 있는가? 그들은 선택에 긍정적, 적극적으로 대응함으로써 삶의 여러 순간에 다른 사람들과 다르게 행동한다. 그들에게는 과연 어떠한 요소가 있기에 행복으로 삶을 포장할 수 있었는가를 생각해 본다.

첫 번째로, 인생의 목표를 향해 가는 과정이 행복이다. 목표 달성하기까지 여정은 전혀 즐기지 못한 채 오로지 목표에만 전력투구하는 사람이 있다면, 인생은 그저 그의 곁을 스쳐 지나갈 뿐이다. 목표를 향해 나아가는 과정에서 즐거움을 느낀다면 우리는 과연 목표를 달성할 수 없는가? 그렇지 않다. 목표는 우리에게 방향을 제시해 줄 뿐, 행복은 목표를 향해 나아가는 과정에서 찾아야 한다. 목표를 달성할 때만 행복을 느끼는 사람은 목표를 달성하기까지 보내는 기간을 내내 불행해할 것이다. 오로지 목표를 달성한 순간만 행복하면 되는가, 아니면 목표를 향해 노력하는 과정에서 내내 행복해야 하는가? 행복하게 되는 최고의 시점은 바로 '지금'이다. 바로 지금 당장, 목표를 향해 실천해야 한다.

두 번째로, 열정과 도전을 불태워라. 우리들 안에는 항상 열정과 도전의 불씨가 남아 있다. 시간이 지날수록 그 불씨가 활활 타오르는 사람이 있는가 하면 그 불씨가 흔적도 없이 사라져 버리는 사람도 있다. 누가 인생의 성공자가 될지는 안 봐도 뻔하다.

내 안에 있는 열정과 도전의 불씨를 활활 타오르도록 하면 어떨까? 그 불씨에 바람을 불어 대고 때로는 기름을 부어 활활 타오르게 만들어 보자. 열정과 도전의 불씨를 크게 피워 내는 바람과 기름, 꿈을 그 첫 번째로 꼽을 수 있다. 꿈이 있는 사람은 하고자 하는 의욕이 있다. 1년, 5년, 10년 후에 이룰 꿈을 만들어 보자. 꿈이 생기면 계획이 생기고 계획이 생기면 실천도 쉬워진다. 내일의 꿈은 오늘의 할 일을 만들어 주고 하고자 하는 열정과 도전정신을 일으킬 것이다.

그리고 항상 긍정적인 마음자세를 가져 보자. '나는 안 돼.', '일이 마음처럼 쉽게 될까?' 하는 부정적인 마음을 먹는 것은 열정과 도전의 불씨에 찬물을 끼얹는 일이다. '나는 할 수 있다.', '조만간 더 노력하면 이룰 수 있다.'는 마음으로 도전해 보자. 긍정적인 마음가짐은 오히려 실패를 성공을 위한 교훈으로 느끼게 해 주고 오뚝이처럼 다시 벌떡 일어나게 하는 열정과 도전정신을 불태워 줄 것이다.

또한 성공한 사람들의 간증이나 경험을 벤치마킹 하는 것도 하나의 방법이다. 한 번쯤 성공인의 간증을 듣고 있노라면 감동과 은혜를 받고 뭔가 해야겠다는 의욕이 온 마음을 휩쓸면서 '어떻게 하면 이 사람처럼 될 수 있을까?' 하는 생각을 하게 된다. 이미 내 안의 열정과 도전의 불씨가 조금씩 타오르기 시작하고 실천을 통해 어제와 다른 변화가 나에게 일어날 것이 분명하기 때문이다.

세 번째로, 과거의 성공 패러다임에서 벗어나라. 한국 사회의 전형적인 성공 스토리에 의하면 성공한 사람들은 역경을 딛고 일어서야 하며, 근면과 성실로 오직 일에만 매달려야 한다. '여유', '한가함'과 같은 단어는 성공을 위한 조건에 절대 포함되어서는 안 된다. 이들에겐 일이 인생의 전부이며 한가하게 가족을 돌아볼 여유는 없다. 이들 대부분은 언제 가족과 함께 휴가를 보냈는지 기억하지 못한다. 성공의 길은 하루하루 전쟁이기 때문이다. 그저 남 잠 잘 때 안 자고 근면과 성실로 일관한다. 어찌된 일인지 이번에는 일이 잘 풀려나가 걷잡을 수 없을 정도가 된다. 결국 일취월장, 승승장구, 동분서주하여 그 분야의 최고가 된다. 드라마의 맨 마지막에서 주인공이 어눌한 말투로 힘주어 말하는 성공의 비결 또한 비슷하다. "포기하지 않고 노력하면 성공한다. 그 동안 참아 준 아내와 가족들에게 참 미안하게 생각한다."고 말이다. 이것은 우리가 성공이란 것에 대해 전형적인 패러다임을 가지고 있기 때문이다.

"참새가 새입니까?"라고 물으면 모두 쉽게 "예."라고 대답한다. 반면에 "오리가 새 입니까?"라고 물으면 한 박자 주춤하게 된다. "타조가 새입니까?"라고 물으면 좀 더 시간이 걸린다. 참새는 사람들이 생각하는 새의 일반적인 특징, 즉 날개를 가지고 하늘을 나는 모습이 곧바로 연상된다. 그러나 하늘을 날지 못하는 오리나 타조를 새라고 대답하기에는 뭔가 어색한 느낌이 든다. 퇴화된 날개에 대한 논리적 추론 과정이 필요하기 때문이다. 이를 심리학에서는 '전형성 효과(typicality effect)'라고 한다. 성공한 사람들에 관해서도 사회적으로 합의된 전형성이 존재하고 있다. 하지만 이제 시대가 변화하고 있다. 현재의 시대는 다양성과 가능성의 시대다. 우리는 기쁘게 일하면서 열정적으로 새로운 삶의 모습에 도전하고, 봉사하고, 헌신하고, 섬기면서도 얼마든지 성공할 수 있다. 자신이 좋아하는 일을 하면서 돈을 벌 수도 있다. 이제는 새로운 성공 패러다임을 구축해야 할 시기다.

생각, 디자인하라

사랑과 섬김의 서번트 정신

서번트 정신의 본질은 '섬김(servant)'과 '사랑(love)'이다. 섬김과 사랑의 서번트 정신은 본인의 의지에서 출발하며, 그 의지를 바탕으로 사랑하는 마음이 생기고, 그 사랑은 봉사와 희생으로, 봉사와 희생은 자신의 권위를 세우게 되고, 그 권위(authority, 정당성을 획득한 power를 일컬음.)는 곧 타인을 움직이게 하는 서번트 리더십으로 나타나게 된다.

서번트 정신의 개념은 1977년 AT&T에서 경영 관련 교육과 연구를 담당했던 로버트 그린리프(R. Greenleaf)가 저술한 『서번트 리더십(Servant Leadership)』에서 처음으로 제시되었다. 한동안 경영학계에서 별다른 주목을 받지 못하다가 1996년 4월 미국의 경영 관련 서적 전문출판사가 『On Becoming a Servant-Leader』를 출간한 것을 계기로 많은 경영학자들이 새롭게 관심을 갖게 된 리더십 모델 중의 하나이다. 그린리프가 구상한 '서번트 리더십'은 유명한 경제잡지 《포천》이 해마다 발표하는 '일하기 가장 좋은 100대 기업'의 50% 이상, 특히 상위 10대 기업이 대부분 주요 경영 이념으로 공식화하고 있다.

　그린리프는 서번트 정신의 기본 아이디어를 헤르만 헤세(H. Hesse)가 쓴 『동방으로의 여행(Journey to the east)』이라는 책에서 얻었다고 한다. 특히 1970년 월남전으로 삶의 희망을 상실한 젊은이들을 보면서, 첫 에세이 〈지도자로서의 서번트〉를 발표하였다. 이는 타인을 위한 봉사에 초점을 두고 종업원·고객·조직을 우선으로 여기며 그들의 욕구를 만족시키기 위해 헌신하는 리더로서, 다른 사람을 지배하고 군림하는 사람이 아니라 섬기고 봉사하는 지도자를 말한다.

　헤르만 헤세의 동방순례에서 순례단 중 허드렛일을 하는 '레오'라는 인물이 있다. 레오는 특이한 존재였다. 순례자들을 위한 허드렛일이나 식사 준비를 돕고, 때때로 지친 순례자들을 위해 밤에는 악기를 연주하는 사람이었다. 레오는 순례자들 사이를 돌아다니면서 필요한 것들이 무엇인지 살피고, 순례자들이 정신적으로나 육체적으로 지치지 않도록 배려했다. 그런 '레오'가 사라지기 전까지 모든 일은 잘 진행되었고 많은 사람들은 즐겁게 여행하고 있었다. 그런데 어느 순간 레오가 사라졌다. 그러자 많은 사람들은 큰 혼란에 빠져 결국 여행이 중단되고 말았다. 충직한 심부름꾼이었던 레오 없이는 여행을 계속할 수 없었던 것이다. 사람들은 레오가 없어진 뒤에야 그가 없이는 아무 것도 할 수 없다는 사실을 깨달았다. 일행 중 한 명이 몇 년을 찾아 헤맨 끝에 마침내 레오를 만나고 그저 심부름꾼으로 알았던 레오가 어느 봉사 단체의 책임자인 동시에 정신적 지도자이며 훌륭한 리더라는 사실을 알게 된다.

레오는 서번트 정신의 전형적인 모델이라고 할 수 있다. 그린리프가 제시한 서번트 정신은 이후 피터 드러커, 스티븐 코비, 피터 센거, 워런 베니스 등과 같은 세계적인 리더십 대가의 이론에 지대한 영향을 미쳤다.

로버트 그린리프는 리더십 이론가가 아니다. 그가 살아 있던 시대는 아직 리더십 이론이 낯선 때였다. 1904년에 미국에서 태어난 그는 대학시절 산업사회의 거대 기업과 각종 공공기관에서 근무하였을 뿐만 아니라, AT&T에 입사하여 38년간 근무하고, 1964년 경영 연구와 교육 담당 부회장으로 정년 퇴직을 하였다. 그는 절실한 경험으로부터 서번트 리더십 이론을 주장, 발전시켰다. 보통 사람들은 교육이나 사회적 경험으로부터 배운 것을 그대로 인식하고 받아들이기 쉽다. 그러나 그린리프는 자신의 사회적 경험과 이론으로부터 사회를 변화시킬 수 있는 새로운 이념을 정립하고, 그것을 발전시키기 위해 노력하였다.

미래 사회 변화와 기업의 환경 변화에 대하여 예리한 통찰을 가졌던 두 사람(피터 드러커, 로버트 그린리프)은 미래 사회에서 인간이 추구해야 할 근본 가치와 신념에 대해서는 서로가 같은 생각을 가졌다. 그렇지만 그들은 인간에 대한 신념과 가치를 구현하는 방법에 있어서는 현저한 차이를 보였다. 로버트 그린리프는 조직에서 언제나 구성원 개개인의 가치와 성장 가능성을 중요시하였다. 그런 까닭에 진정한 리더십은 바로 구성원들의 성장을 돕는 것이라고 주장하였다. 반면에 피터 드러커는 리더는 다수의 구성원들이 올바른 일을 하도록 만드는 것이라고 보았다. 그래서 피터 드러커는 조직 구성원들의 행위 자체에 많은 관심을 가지고 연구하였다. 로버트 그린리프는 사람들이 특정 행동을 보이도록 만드는 동기가 무엇인지에 더 많은 관심을 가졌다. 로버트 그린리프가 인본주의적인 철학에 근거하여 조직을 보고자 했다면, 피터 드러커는 다분히 행동주의적인 철학에 바탕을 두고 조직을 분석하였다. 피터 드러커는 가끔 자신이 무엇을 하고 있는지 반문하였다. 그때마다 로버트 그린리프는 무엇을 하고 있는가보다는 자신이 무엇이 되길 원하는지 먼저 생각하라고 응답하였다.

서번트 정신은 레오와 같이 다른 구성원들이 공동의 목표를 이루어 나가는 데 있어 정신적·육체적으로 지치지 않도록 환경을 조성해 주고 도와 주는 리더십이다. 결국 인간 존중을 바탕으로 다른 구성원들이 잠재력을 발휘할 수 있도록 도와 주고 이끌어 주는 것이 서번트 정신의 요체이다. 최근에 기업이나 공직사회, 일반사회에서 강조하는 '섬김의 리더십(Servant leadership)'이 보여 주는 열 가지 공통적인 특징을 요소별로 나열해 본다. (참조 : Servant Leadership: A Journey into the Nature of Legitimate Power and Greatness by Robert K. Greenleaf, The Power of Servant Leadership: Essays by Robert K. Greenleaf)

1) 경청하는 자세

섬기는 리더는 말로 표현된 것이나 그렇지 못한 것 모두 수용적으로 귀기울인다. 즉, 경청은 외적으로 표현되지 않은 개인의 내면 깊은 곳에서 나오는 음성을 듣는 것을 포함한다. 묵상의 시간과 짝을 이루는 경청은 섬기는 리더를 올바르게 성장시키는 데 필수적이다.

2) 공감하는 자세

섬기는 리더는 타인을 이해하고 그들과 공감하기 위해 노력한다. 사람들이 갖고 있는 각자의 독특하고 특별한 모습은 누구나 인정받아야만 한다. 섬기는 리더는 바로 이런 각자의 독특성을 인정하고 공감하는 자세를 가지고 사람들을 대한다.

3) 치유에 대한 관심

많은 사람들은 낙담한 영혼을 가지고 있으며, 다양한 감정적 상처로 인해 고통 받고 있다. 섬기는 리더가 보여 주는 가장 강력한 영향력 가운데 하나는 바로 사람들이 갖고 있는 상처와 고통의 치유에 관심을 갖고 있다는 것이다.

4) 분명한 인식

섬기는 리더는 무작정 섬기지 않는다는 점에서 '종(servant)'과 다르다. 섬기는 리더는 상황에 대한 분명한 인식을 기반으로 근거 타당한 대안을 제시한다. 섬기는 리더가 보여 주는 결정과 태도는 그의 분명한 인식을 통해 나타나는 것들이다.

5) 설득

섬기는 리더가 갖는 또 다른 특징은 지위의 권위에 의존하기보다는 설득에 중점을 둔다는 점이다. 섬기는 리더는 순종을 강요하기보다는 타인을 납득시킨다. 이것은 전통적인 권위주의적 모델과 섬기는 리더를 구분 짓는 확실한 차이점이다.

6) 폭넓은 사고

전통적인 리더는 단기적인 목표를 성취하기 위한 필요에 에너지를 소진한다. 그러나 섬기는 리더는 좀 더 폭넓은 사고를 통해 미래에 대한 비전을 가지고 현실에 적합한 조치를 취하기 위해 노력한다.

7) 통찰력

섬기는 리더들은 그들이 갖고 있는 통찰력을 통하여 사람들에게 과거로부터의 교훈을 이해할 수 있도록 돕는다. 그 결과 그들로 하여금 현실을 제대로 인식하게 하며, 어떤 결정으로 인해 수반될 수 있는 미래의 결과에 대한 예측을 가능케 한다.

8) 청지기 의식

섬기는 리더들은 자신이 다른 사람들을 섬기기 위해 현재의 직분을 맡고 있다고 생각한다. 따라서 그들에게 있어서 최우선적인 일은 다른 사람들을 위한 헌신이다. 그리고 다른 사람들을 섬기기 위해 '통제' 보다는 '개방' 과 '설득' 이라는 방법을 주로 사용한다.

9) 사람들의 성장에 대한 헌신

섬기는 리더는 사람들이 일하는 부분만큼의 실제적인 기여를 넘어서서 본질적인 가치를 갖는다고 믿기 때문에 다음과 같은 구체적인 행동들을 실시하기도 한다. 다른 사람의 발전이나 그를 돕기 위한 기금을 마련하기, 모든 구성원들이 제시한 아이디어와 제안들에 대해 관심을 표현하기, 의사결정 과정에 직원들의 참여를 적극 권장하고 돕는 일 등에 활발하다.

10) 공동체 형성

섬기는 리더는 조직 안에서 일하는 사람들 사이에 공동체 의식을 형성할 수 있는 수단을 찾기 위해 노력한다. 섬기는 리더는 참다운 공동체는 직장에서 일하는 사람들 사이에서도 형성될 수 있다고 생각한다. 다른 사람을 이끄는(lead) 사람만이 리더가 아니다. 서번트의 모습처럼 다른 사람을 섬기는 사람이야말로 진정 존경받는 리더가 될 수 있다.

> 생각,
> 디자인하라

좋은 지도자로 세우는 사랑의 리더십

　좋은 지도자란 이론과 지식만이 아닌 삶의 따뜻한 사랑과 순수한 열정을 가진 사람이다. 우리 사회에서 큰 어른으로 추앙받았던 분들은 어떤 리더십을 발휘했을까? '사랑의 리더십' 또는 '영적 리더십(Spiritual Leadership)'을 발휘한 것으로 압축할 수 있다. 영적 리더십은 그리스도의 가난을 실천하고자 했던 겸손과 그리스도의 사랑을 본받은 인간에 대한 이웃 사랑을 바탕에 두고 있다. 일반적 리더들과는 달리 인격적 완성을 사회적 완성으로 승화시키고 있다. 곧 신앙과 삶이 일치된 모습을 보여 주며 한결 같은 사랑을 베푸는 영적 리더십인 것이다. 현대에 이를수록 기존 리더십이 한계에 부딪히고 있고, 새로운 리더십에 대한 변화를 갈구하고 있는데, 그리스도의 사랑과 겸손이 바탕을 이룬 영적 리더십이 그 해답이 될 수 있다.
　인류 역사상 가장 많은 추종자가 따르는 인물은 '예수'이다. 예수의 리더십은 상대를 찾기 쉽지 않을 정도로 경이로운 리더십이다. 그런 예수의 리더십의 요체는 무엇일까?

　여러 가지로 설명할 수 있겠지만 그의 전 생애를 놓고 보면 '역설의 리더십'이었다고 볼 수 있다고 한다. 먼저 그는 명문가에서 태어나지 않았다. 부친 요셉은 목수였다. 예수가 태어난 곳은 베들레헴의 마굿간 말구유다. 하층민으로 태어났지만 성공해서 상류층이 된 것도 아니다. 상류층은커녕 예수는 평생 하층민으로 태어난 자신의 정체성을 버리지 않았다. 그는 권력자나 부자보다도 나병환자나 정신병자, 창녀나 간음한 여자, 사마리아 사람들처럼 신분이 낮거나 천대받던 자들과 함께 했다. 어부 베드로를 비롯한 그의 제자들은 모두 하층민들이었고, 율법학자 같은 종교인도 없었다. 제자 중에 유일한 지식인은 로마를 위해 세금을 징수해 남의 멸시를 받던 세리 마태오였다.

　예수의 리더십은 무엇보다도 섬김의 리더십이었다. 세례자 요한은 예수를 높였으나 정작 예수는 남을 섬겼고 제자들에게도 섬기라고 가르쳤다. 예수는 자신이 남을 섬긴 것처럼 온 세상이 서로 섬기며 살기를 원했다. 말과 행동이 모두 섬김의 리더십이었다.

　예수는 무소유의 리더십이었다. 예수는 평생 집 한 칸 없었다. 평생 실천한 무소유를 제자들에게도 따르라고 가르쳤다. 예수의 리더십은 기존의 가치관과 권위를 인정하지 않는 리더십이었다. 예수의 리더십은 사랑의 리더십이었고, 진리는 곧 사랑이었다. 예수는 체포되기 전 마지막 날에 "내가 너희를 사랑한 것 같이 너희도 서로 사랑하라."고 말하고, "사람이 친구를 위하여 자기 목숨을 버리면 이보다 더 큰 사랑이 없다(요한복음 15 : 12~13)."고 말했다.

그런 섬김의 리더십, 무소유의 리더십, 사랑의 리더십이 예수를 많은 추종자들이 따를 수 있는 인물로 만들었다. 남보다 많이 갖고, 남보다 높아지려고만 애쓰는 현대 사회에서 예수의 역설적 리더십은 많은 생각을 하게 한다.

일반 기업경영의 입장에서 바라본 최고 경영자 예수의 경영철학은 바로 '사랑'이다. 리더십이란 공동의 이익을 위해 설정된 목표를 향해 매진할 수 있도록 사람들에게 영향력을 발휘하는 기술이다. 예수는 리드하기 위해서는 먼저 봉사하라고 말했다. 이것이 리더십의 요체이다. 리더십이 지속적이고 시대적 요청에 부응하기 위해서는 반드시 권위에 바탕을 두어야 한다. 리더십은 개인의 영향력을 통해 사람들이 기꺼이 그의 의지대로 행동하게 하는 기술이다. 예수는 영향력과 리더십이 봉사에 기초한다고 말했다. 권위란 항상 봉사와 희생에 바탕을 두고 있다. 이것은 간디와 마틴 루터 킹의 리더십에서도 확인된다.

리더십 영향력은 권위에서 나오고, 권위는 봉사와 헌신하는 삶에서 나오고, 봉사와 헌신은 사랑에서 나오고, 사랑은 의지에서 출발하는 것이다. 사랑이란 '마음을 표현하는 것'이다. 사랑은 '의지(will)'에서 비롯된다.

리더십의 핵심은 욕구를 규명하고 충족시키는 데 있다. 의도(Intentions)

＋ 행동(Actions) = 의지(Will). 아무리 훌륭한 의도를 지니고 있다고 하더라도 행동이 따르지 않는다면 결국 아무런 의미를 갖지 못한다. 의도와 행동이 결부되면 '의지'가 된다. 의도와 행동이 조화를 이룰 때 비로소 바람직한 사람, 바람직한 리더의 길에 들어서는 것이다.

리더십이란 의지로부터 비롯되며, 그 의지란 의도와 행동을 조화시키기 위한 인간의 특별한 기술이자 행동을 결정하는 요소이다. 그리고 적절한 의지를 가지고 있을 때 우리는 사랑, 즉 우리가 리드하는 사람들의 '욕망'이 아닌 '욕구'를 규명하고 충족시키는 행동을 선택할 수 있다. 다른 사람의 욕구를 충족시키려면 그야말로 봉사와 희생이 뒤따라야 하고, 봉사와 희생을 통해 '수확의 법칙'이라고 표현한 권위, 또는 영향력을 형성하게 된다. 그리고 영향력을 형성할 때 비로소 리더로 불릴 수 있는 자격이 주어진다. 리더십은 다른 사람이 내가 원하는 방향으로 움직이도록 영향력을 발휘하는 기술이며, 사랑만큼 효과적인 영향력을 발휘하는 기술은 없다. 자신의 리더십을 향상시키는 여덟 가지 사랑의 의미는 다음과 같다.

사랑의 의미 1 **인내**

역경 속에서도 자기 통제력을 발휘하는 것을 '인내'라고 한다. 인내는 책임 있는 행동의 원천이다. 대상자가 누구이든 리더는 자기가 이끄는 이들에게 바람직한 행동의 모델이 되어야 한다. 만일 리더가 흥분하여 소리를 지르고 통제할 수 없는 지경에 빠져 버린다면, 그의 조직이 제대로 통제되거나 책임 있는 행동을 할 것이라고 기대하기 어렵다. 규율(Discipline)이란 말은 '교육시키다, 훈련시키다' 라는 뜻의 'Disciple(종교적·정치적 가르침을 따르는 제자)'에서 유래된 말이다. 모든 규율은 사람의 행동을 수정하거나 변화시키고 훈련시키기 위한 것이지 결코 처벌하기 위한 것이 아니다.

사랑의 의미 2 친절

'친절'은 관심, 인정, 격려의 뜻을 표현하는 것이다. 다른 사람들에게 관심을 표현하는 것은 리더의 자질 중 하나다. 중요한 것은 직원들에 대한 관심이다. 그리고 그들에게 관심을 보일 수 있는 가장 큰 기회는 바로 그들의 이야기를 적극적으로 경청하는 것이다.

우리가 흔히 범하는 실수는 남의 이야기를 선택적으로 듣는다는 것이다. 즉 남의 말을 자의적으로 해석하고, 경우에 따라서는 대화를 중단시키고 우리가 원하는 방향으로 전개하려는 방법을 생각하게 된다. 다른 사람들이 말하는 순간에도 우리는 수많은 생각들을 한다. 그래서 남의 말을 듣는 동안 온갖 잡음이 머릿속을 메우게 된다.

적극적으로 경청하기 위해서는 대화 도중 침묵을 지키며 다른 사람의 생각을 이해하려는 노력이 있을 때 가능하다. 그리고 자기 자신을 온전히 희생하여 머릿속의 잡음을 떨쳐 버리고 단 몇 분이라도 상대방의 세계에 들어설 수 있을 때 가능하다. 적극적인 경청이란 말하는 사람이 바라보는 것과 동일한 시각을 갖기 위해, 말하는 사람이 느끼는 것과 동일한 감정을 가지기 위해 노력하는 과정이다. 이런 과정을 '감정이입'이라고 한다. 그러기 위해서는 부단한 노력이 필요하다.

사랑의 의미 3 겸손

'겸손'은 진실하고 가식이 없으며 거만하거나 뽐내지 않는 것이다. 리더에게 바라는 것은 진실성, 즉 타인을 진지하게 대할 수 있는 능력이지 잘난 척 우쭐거리는 이기적인 태도가 아니다. 자기만이 똑똑하다고 핏대를 올리거나 거만한 리더는 결코 사람들과 좋은 관계를 맺을 수 없다.

겸손이란 스스로를 폄하하는 것이 아니라 스스로를 낮추는 것이다. 겸손하다는 것은 자신과 자신의 한계를 정확히 아는 것에 지나지 않는다. 겸손이란 타인과의 진실한 관계를 형성하는 것이며 거짓된 가면을 버리는 것이다. 겸손하면 자기 혼자 힘으로는 이룰 수 없다는 것을 인식하기에 늘 주변에 감사하게 된다.

사랑의 의미 4 존중

'존중'은 타인을 소중한 존재로 대하는 것이다. 리더는 자기가 이끄는 사람들의 성공에 대해 지대한 관심을 가져야 한다. 실제로, 리더로서의 역할은 그들이 성공할 수 있도록 후원하는 것이다.

사랑의 의미 5 **이타주의**

'이타주의(利他主義)'란 자신의 욕구와 상충될지라도 타인의 욕구를 충족시키는 것이며, 비록 자신의 욕구와 기대가 희생되더라도 타인의 욕구를 우선하는 행위이다.

사랑의 의미 6 **용서**

'용서'는 잘못을 하더라도 책망하지 않는 것을 말한다. 용서는 잘못된 행동을 없었던 것으로 하거나 도출된 행동을 가지고 왈가왈부하는 것이 아니다. 피해를 묵인하며 수동적으로 행동하거나 타인의 인격을 침해하여 공격적으로 행동하는 것도 아니다. 용서는 단호한 행동을 보이는 것이다. 단호한 행동은 개방적이고 솔직하며, 타인과의 직접적인 행동을 의미한다. 이는 반드시 상대방에 대한 존중을 바탕으로 이루어져야 한다. 용서는 문제의 상황을 이처럼 단호하게 다루는 것이며, 그로 인해 어떤 원망도 하지 않는 것을 의미한다.

사랑의 의미 7 **정직**

'정직'은 속이지 않는 것을 말한다. 구성원들이 리더에게 가장 바라는 것은 '정직'이다. 정직에 바탕을 둔 진실이 인간관계를 유지하는 매개체가 된다. 정직은 사람들의 기대를 구체화하고, 사람들이 책무를 다할 수 있도록 후원하며, 기쁜 소식과 함께 나쁜 소식도 기꺼이 전해줄 수 있고, 피드백을 나누며, 일관적이고, 예측이 가능하며, 공정한 것 등을 모두 포함한다. 정직은 남을 속이지 않고 어떤 대가를 치르더라도 진실을 옹호하는 것이다.

사랑의 의미 8 **헌신**

'헌신'은 자신의 선택에 전념하는 것이다. 이것은 다른 어떤 것보다도 중요한 행동이다. 헌신하는 자세를 통해 인생에 전념할 수 있다. 리더가 되는 것은 상당한 노력을 필요로 하는 것인데, 만일 리더로서의 직무에 헌신할 수 없다면 모든 것을 포기하고 과거의 권력에 안주하기 십상이다. 진정한 헌신은 개인과 집단이 지속적으로 함께 성장한다는 비전을 말한다.

헌신적인 리더는 지속적으로 스스로를 성장시켜 최고의 리더로 자리매김하고, 그가 이끄는 사람들 역시 그러한 방향으로 유도한다. 또한 헌신적인 리더로 하여금 직원들과 팀을 최고로 만들기 위해 스스로를 채찍질하게 하는 열정이다. 모두의 성장을 위해서는 개인이나 집단이 지향하는 목표에 대한 리더의 헌신, 열정, 비전이 필요하다.

타인을 사랑하기로, 타인에게 영향력을 미치기로 결정했다면 인내와 친절, 겸손, 존중, 이타주의, 용서, 정직, 헌신의 덕목이 요구된다. 그리고 이러한 행동은 우리로 하여금 타인에 대한 봉사와 희생을 요구한다. 경우에 따라서는 자아를 희생시킬 수도 있고 좋지 못한 기분을 감수해야 할 때도 있다. 그리고 단호함을 유지하기 위해 꾸짖고 싶은 욕망을 견뎌야 할 때도 있다. 비록 원치 않는다 하더라도 타인에 대한 사랑과 영향력을 위해서는 스스로를 희생해야 한다. 그리고 봉사와 희생은 곧 그들과의 사이에 권위를 형성하게 되고, 권위가 형성되었다는 것은 곧 리더로 불릴 수 있는 자격을 확보한 셈이 된다. 리더십 모델은 '상호 이익'을 위해 영향을 미치는 것이다.

> 생각,
> 디자인하라

일곱 가지 법칙의 달인이 되라

> 자신이 할 수 없다고 생각하고 있는 동안은, 사실은 그것을 하기 싫
> 다고 다짐하고 있는 것이다. 그러므로 그것은 실행되지 않는 것이다.
> −스피노자−

사회자 : 여러분 안녕하십니까? 달인을 만나다의 OOO입니다. 오늘 이 시간에는 16년 동안 성경만을 연구해 오신 성경의 달인 OOO 선생님을 모시고 이야기를 나눠 보도록 하겠습니다. 선생님 반갑습니다.

달인 : 네, 반갑습니다.

사회자 : 제가 듣기로는 무려 16년 동안이나 오직 성경만을 연구해 오셨다고 들었는데요.

달인 : 네, 맞습니다. 16년 동안 매일같이 성경책과 함께 살아왔죠.

사회자 : 아 그러시군요. 정말 대단하십니다. 선생님께서 성경을 연구하신 계기가 있었나요?

달인 : 네, 제가 16년 전에 집에서 잠을 자다가 베개가 없는 거예요. 잠은 자야 되겠고. 근데 마침 옆에 큼지막한 성경책이 눈에

보이는 거지 뭡니까? 그래서 그 때부터 성경에 대해 연구하게 되었죠.

사회자 : 아. 네!! 그렇군요. 그렇다면 선생님, 제가 간단하게 문제를 하나 내 보겠습니다.

달인 : 네, 그러시지요.

사회자 : 음…, 하나님께서 태초에 천지를 창조하셨잖습니까?

달인 : 네, 창세기에 나와 있지요.

사회자 : 아, 잘 아시는군요. 그렇다면 천지를 창조하시고 아담과 하와를 만드신 후에 일곱째 날에 뭘 하셨을까요?

달인 : 아니 이 양반이 날 뭘로 보고… 그렇게 쉬운 문제를 내면 어떡합니까?

사회자 : 아! 너무 쉬운 문제입니까? ㅋㅋㅋ 그렇다면 답을 말씀해 주십시오.

달인 : 하나님께서 일곱째 날에 아파트를 지으셨죠.

사회자 : (고개를 갸우뚱거리며) 아니…, 그 넓은 에덴 동산에 아파트를 지으셨습니까?

달인 : 하나님께서 에덴 동산에 아파트 지으신 거 봤어요?

사회자 : 아, 아니요.

달인 : 안 봤으면 말을 하지 말아요. (www.wowccm.net 참조)

'달인(達人)'은 학문이나 기예에 통달하여 남달리 뛰어난 역량을 가진 사람, 널리 사물의 이치에 통달한 사람을 말한다.

첫 번째 법칙의 달인, **미소의 법칙**

'미소(微笑)'는 소리 없이 빙긋이 웃는 웃음이다. 미소는 사람의 마음을 움직이는 특효약이다. 무슨 일을 하든, 어디에 살든, 배웠든, 못 배웠든 상관이 없다. 미소 짓지 못하는 사람은 제아무리 높은 자리에 있다 할지라도 좋은 사람이 되기는 어렵다. 생긴 것이 아무리 거칠어도 미소 짓는 얼굴은 상대의 마음을 편하고 기쁘게 한다. 그러나 꽃처럼 어여쁜 얼굴이라도 시무룩한 얼굴은 보는 사람의 마음을 불안하고 근심스럽게 한다.

중국 속담에 "미소 지을 수 없는 사람은 상점을 열어서는 안 된다."라는 말이 있다. 웃지 못하는 사람의 상점은 100% 실패하기 때문이다. 미소 띤 얼굴은 사람을 불러들이는 초청장과 같다. 많은 사람들이 그에게 다가와 말을 걸기도 하고, 함께 있어 주기를 기대한다. 그래서 웃는 사람의 가게에는 즐거움이 있다. 손님도 많다. 그러나 웃음이 없는 가게에는 손님도 없다. 기쁨도 없다. 미소는 가장 쉽게 마련할 수 있는 사업의 밑천이지만 가장 큰 영향력을 갖도록 해 주는 비결이기도 하다.

두 번째 법칙의 달인, **선물의 법칙**

신이 주신 가장 큰 축복의 선물(膳物, present)은 현재(present)이다.

선물은 사람의 마음을 바꾸는 신비한 힘이 숨어 있다. 선물은 시간이 지나면 흔적도 없이 사라진다. 그러나 그 선물로 바뀐 사람의 마음은 오랫동안 기억될 것이다.

사람은 한 번의 선심으로 자신의 이미지를 재창조할 수 있다. 누군가 간절히 필요로 하던 것을 선물로 받게 되면, 그 고마움은 말로 표현할 수 없을 정도로 기쁠 것이다. 선물을 받아서 기쁘기도 하지만, 자신이 누군가에게 소중한 사람으로 인식되고 있다는 것이 더 큰 기쁨이 되기 때문이다. 그리고 선물을 준 사람에 대한 이미지는 새롭게 바뀐다. 이전에 서운했던 것, 속상했던 것, 미워했던 것이 선물로 인해 모두 눈 녹듯 사라지기도 한다. 차가운 선물은 상대의 마음을 차갑게 하고, 따뜻한 선물은 상대의 마음을 따뜻하게 한다. 인간에게 가장 큰 선물은 '사랑해, 고마워, 미안해' 라는 말을 전할 수 있을 때이다.

세 번째 법칙의 달인, **돌과 칼의 법칙**

세상 모든 것은 건드리는 만큼 움직인다. 가만히 있는 물건이 저절로 움직이지는 않는다. 살짝 건드리면 살짝 움직인다. 부드럽게 밀면 부드럽게 굴러간다. 그러나 거칠게 다루면 거칠게 움직인다. 욕하는 사람은 욕을 먹고, 주먹으로 치는 사람은 주먹으로 맞는다. 내가 상대를 향해서 돌을 던지면 상대도 나를 향해 돌을 던진다. 그리고 나는 결국 내가 던진 돌에 맞게 된다. 내가 욕을 하면 상대도 나에게 욕을 한다. 내가 손가락질을 하면 그도 나에게 삿대질을 한다. 내가 무시하면 나도 무시당하고 내가 화를 내면 그도 나에게 화를 낸다. 그런데 우리는 남들에게 화를 내면서 남들은 우리에게 친절하길 바라고, 자신은 욕을 하면서 남들에게서는 칭찬을 듣길 바란다. 땅에다 콩을 심으면 콩이 나고, 팥을 심으면 팥이 난다. 땅은 정직하다. 무엇을 심든지 심은 대로 나오게 되어 있다.

네 번째 법칙의 달인, **유리병 법칙**

우리 주변에서 가장 잘 깨지는 것이 유리병이다. 유리병은 깨끗하고 예쁘지만 순간의 실수로 쉽게 깨지고 한번 깨지면 못 쓰게 되기 일쑤이다. 그리고 깨진 병 조각은 사람을 다치게도 한다. 두꺼운 병은 겉으로는 튼튼해 보여도 뜨거운 물을 부으면 온도를 이기지 못하고 저절로 깨져 버린다.

그러나 이 유리병보다 더 약한 것이 있다. 그것이 사람의 마음이다. 사람의 마음은 어찌나 약한지 온도가 조금만 달라져도 깨지고, 서운한 말 한마디에 무너져 내린다. 그리고 상처 입은 마음은 깨진 유리 조각처럼 가까이 있는 사람들에게 상처를 준다. 그에게 다가가서 위로하려는 사람과 그의 깨진 마음을 추스려 주려는 사람들의 마음을 찔러 상처를 입힌다. 이렇게 상처 입은 마음은 아픔이 회복될 때까지 다른 마음을 돌아볼 수 없게 되고, 그로 인해 서로의 관계는 멀어지게 된다.

관계는 사람들의 마음이 연결될 때 형성되는 것이다. 관계도 마음처럼 약하기 때문에 유리병처럼 쉽게 깨지고 상처를 입는다. 특별히 조심해서 다루지 않는다면 한순간에 무너져 버린다. 수십 년간의 우정을 자랑하던 사람들도 서운한 말 한마디를 극복하지 못하고 다시는 보기 싫은 사람들이 되기도 하고, 일생을 부부로 살았던 사람들이 둘도 없는 원수가 되기도 한다. 모든 관계는 특별한 보호를 통해 관리될 때만 지속될 수 있다. 아름다운 관계는 관심과 배려에 의해 만들어지고, 부드러운 관계는 부드러운 미소를 통해 만들어지며 좋은 관계는 좋은 것들이 투자되어야 만들어지는 것이다.

다섯 번째 법칙의 달인, **사랑의 법칙**

세상에서 가장 중요한 것, 세상에서 가장 아름다운 것, 모든 사람이 일생 동안 반드시 이루고 싶은 최고의 목표, 그것은 '사랑'이다. 많은 재산을 모으는 것, 좋은 집에 사는 것, 높은 지위와 신분을 얻는 것, 자기 분야에서 최고가 되는 것, ……. 이 모든 것들 중에서 제일은 사랑이다. 어떤 사람에게도, 어떤 단체에서도, 어느 나라에서도 사랑은 결코 두 번째가 되어서는 안 된다. 사랑이 함께하지 않는 꿈은 야망이 되고, 사랑과 동행하지 않는 성공에는 원망이 따라오기 때문이다.

사람들은 다른 사람을 사랑할 때 자신의 욕구를 그 사람에게 투자한다. 우리 스스로 먼저 사랑의 문을 활짝 열어 보자. 그러면 당신은 마르지 않는 사랑의 샘물을 맛볼 수 있을 것이다.

여섯 번째 법칙의 달인, **인사의 법칙**

"인사부(人事部)는 인사(人事)만 잘하면 된다."는 말이 있다. 인사만 잘해도 좋은 사람이 될 수 있다. 인사하는 것은 아무런 밑천이 들지 않는 공짜 장사이다. 아이들은 인사만 해도 용돈을 얻는다. 어른들은 인사를 잘하는 아이들에게 사람 됐다고, 교육 잘 받았다고 한다. 반대로 인사를 하지 않는 아이들에게는 예의가 없다고 나무라며 혀를 찬다. 사람의 속마음과 인격을 남이 어떻게 알 수 있겠는가! 우리는 단지 밖으로 드러난 행동 한두 가지를 보고, 보이지 않는 사람의 속까지 평가한다.

우리의 사람됨을 남에게 보여 주는 방법 중에 가장 일반적이고 적절한 것이 인사이다. 그런데 우리는 누군가 먼저 와서 인사해 주기를 기다리기는 해도, 먼저 가서 인사할 생각은 하지 못한다. 집 밖에 있는 사람과 집 안에 있는 사람이 만나기 위해서는 문을 열어야 한다. 문이 닫힌 상태에서는 서로를 확인할 수 없기 때문에 관계를 형성할 수도, 감정을 주고받을 수도, 도움을 주고받을 수도 없다. 닫힌 문을 열기 전에는 아무것도 이루어지지 않는다. 내 집 앞에 찾아온 사람은 내가 문을 열기를 기다리고 있다. 지금 내 앞에 있는 사람에게 밝은 얼굴로 먼저 인사하라. 두 사람을 막고 있던 마음의 문이 활짝 열리고, 어색했던 분위기가 확 풀어지는 것을 느끼게 될 것이다.

누구든 인사를 받으면 고마워한다. 그리고 먼저 인사하지 못한 것을 후회한다. 윗사람이든 아랫사람이든 만나면 먼저 손을 내밀고, 고

개를 숙이고, 허리를 구부려 인사해 보라. 인사를 받는 사람보다 인사하는 사람이 더 나은 사람이다. 인사해서 손해 볼 것은 아무것도 없다. 인사는 모든 사람과의 관계를 시작하는 첫 단추이다.

일곱 번째 법칙의 달인, **손 성실의 법칙**

첫 만남인데도 마치 오래 알고 지낸 사이처럼 편안하게 대할 수 있다면 그것이야말로 대인관계에서 성공을 불러오는 이상적인 능력이다. 초면인 상대를 친숙하게 대할 수 있는 사람이라면 분명 다양한 친구들과 폭넓은 인맥을 가지고 있을 것이다. 반면, 처음 보는 사람에게 다가서기를 꺼리고 낯선 이와의 대화에 익숙지 못한 사람은 원만한 인간관계 형성이 어렵다. 처음 만난 사람들은 어느 쪽이든 되도록 빨리 어색한 분위기를 깨고 감정의 거리를 좁혀 상대방에게 좋은 인상을 남기고 싶어 하게 마련이다.

먼저 손을 내밀고 손을 잡아주고, 먼저 전화를 하고 문자를 주고, 손닿는 대로 손 성실하면 손해날 일이 없을 것이다.

> 생각,
> 디자인하라

역경극복지수와 회복 탄력성

'시련(試鍊)'이라는 말은 본래 금이나 은을 불 속에서 제련하여 순수한 것으로 만드는 것을 의미한다. 주위를 살펴보면 시련이 왔을 때 여러 가지 유형들로 나타나는 현상을 발견할 수 있다. 테니스공과 같이 금방 튀어오르듯이 시련을 극복하는가 하면, 유리공처럼 땅바닥에 닿는 순간 모든 것이 깨지고 망가지는 경우도 있고, 바람 빠진 축구공처럼 앞으로 나아가지 못하는 경우도 있으며, 나무공처럼 땅바닥에 닿는 순간 그대로 주저앉는 경우도 있고, 쇠공처럼 땅바닥을 파고 들어가는 경우도 있을 것이다.

1997년 미국의 커뮤니케이션 이론가 폴 스톨츠(Paul G. Stoltz)는 지능지수(IQ)나 감성지수(EQ)보다 역경극복지수(AQ, Adversity Quotient)가 높은 사람이 성공하는 시대가 될 것이라고 발표했다. 지금처럼 변화의 속도가 빠르거나, 전환기의 어수선한 상황에서는 지능지수(IQ)나 감성지수(EQ)의 두 가지 지능이 아무리 높다 해도 위기를 극복하는 제3의 능력 역경극복지수(AQ)가 받쳐 주지 않는다면 제대로 활용할 수 없기 때문이다. '역경극복지수'란, 수많은 역경에도 굴복하지 않고 냉철한 현실 인식과 합리적인 판단을 바탕으로 끝까지 도전하여 목표를 성취하는 능력을 말한다.

연세대 김주환 교수의 수업 제목에는 언제부턴가 '행복'이란 단어가 빠지지 않는다. 예컨대, '행복 커뮤니케이션', '소통지능과 행복' 등이다. 커뮤니케이션이나 소통 능력 연구가 전공인데, 거기에 행복이 추가된 것이다. 그에 따르면 요즘 젊은이들은 행복을 갈구하고 있다면서 '진정한 행복'의 비결을 마음속 회복 탄력성에서 찾고 있다. 회복 탄력성이란 '마음의 근육'이리고 한다. 육체의 근육을 훈련하듯 마음의 근육인 회복 탄력성도 높일 수 있다는 것이다. 사람은 살다 보면 누구나 이런저런 어려움을 겪게 되는데, 역경과 고난에 주저앉지 않고 오뚝이처럼 다시 일어나게 하는 힘을 회복 탄력성이라고 하였다.

세상에는 두 종류의 사람이 있다. 회복 탄력성이 큰 사람과 작은 사람이다. 두 부류의 차이는 뇌파 실험을 통해 입증됐다고 한다. 미국 심리학자 에미 워너의 연구에 의하면 인류의 3분의 1은 회복 탄력성이 비교적 높지만, 3분의 2는 그렇지 않다.

45세에 자동차 사고로 전신마비가 된 서울대 해양지질학과 이상묵 교수는 회복 탄력성이 높은 전형적 사례다. 사고 6개월 만에 일상

생활에 복귀하는 놀라운 회복 탄력성을 보였다. 휠체어를 탄 채 입으로 마우스를 움직이며 연구하고 강의한다. '한국의 스티븐 호킹'으로 불리며 전보다 더 주목받는 학자가 됐다. 장애인올림픽 100m 달리기에서 인조 다리를 하고 우승한 에이미 멀린스와 끼니 걱정을 하던 이혼녀에서 『해리포터』로 세계적인 작가가 된 조앤 롤링도 비슷한 경우다.

어려움 없는 세상을 원하기보다, 어려움을 극복하는 회복 탄력성을 키우는 일이 행복의 지름길이라는 것이다. 회복 탄력성은 긍정 심리학의 창시자 마틴 셀리그만 교수의 '긍정 심리학(Authentic Happiness)'을 많이 인용한다. '진정한 행복에 이르는 유일한 길은 자신의 강점을 발휘하는 것'이란 셀리그만의 기본 명제는 회복 탄력성의 출발점이기도 하다. 결국 자신의 강점을 찾는 일이 회복 탄력성을 높이는 첫걸음이다. 강점을 찾는 일은 자신을 긍정하는 데서 출발하는데, 지금까지 교육이나 심리치료 혹은 카운셀링은 자신의 부족한 점을 메우는 데 초점을 맞추고 있었다. 약점을 보완하는 방법만으로는 자기 발전도 없고 행복도 없다는 것이다. 회복 탄력성이라는 렌즈는 인간과 세상을 다르게 보이게 한다. 회복 탄력성은 50% 정도 선천적으로 타고나기도 하지만 고정불변은 아니다. 회복 탄력성은 '마음의 근육'이다. 육체의 근육을 훈련으로 키우듯 마음의 근육도 키울 수 있다.

회복 탄력성을 높이기 위해 필요한 것은 두 가지다. 자기 조절 능력과 대인관계 능력을 키우는 일이다. 자기 조절 능력은 감정 조절

력·충동 통제력·원인 분석력으로, 대인관계 능력은 소통 능력·공감 능력·자아 확장력으로 세분화된다. 결국 인간관계를 잘 맺고 사는 일로 요약되는데, 그 출발점은 긍정적인 뇌를 만드는 일이다. 이는 일상생활에서 자신의 강점을 꾸준히 발휘함으로써 가능하다. 행복은 인플루엔자 바이러스처럼 전염된다. 자신이 행복하면 주위에 있는 잘 모르는 사람도 상당 기간 같은 감정을 공유할 수 있다. 즉 개인 행복감이 주위로 퍼져 나가는 것이다. 행복이 가족, 친구, 이웃 등 지인은 물론 친분이 없는 사람에까지 퍼져 나간다는 사실이 처음 확인됐다고 최근 영국 의학 저널(BMJ)에 실린 논문에서 밝혔다.

지리적 분포도 행복감에 영향을 줘 행복감을 느끼는 친구가 반경 1.6㎞ 안에 있는 사람은 행복감을 느낄 가능성이 25% 높아진다. 행복감을 느끼는 사람과 한 집에 동거할 경우 상대방이 행복감을 느낄 가능성은 8% 높아지고, 행복감을 느끼는 사람과 가까운 곳에 있는 형제는 14%, 이웃은 25%나 같은 감정을 느낄 가능성을 높여 준다. 이에 따라 행복감을 느끼는 사람은 사회적 연결망의 중심에 서 있는 경향이 있으며 주변에 행복감을 느끼는 친구들을 많이 두고 있는 것으로 조사됐다.

미국 샌디에이고대 제임스 파울러 박사와 하버드대 니콜라스 크리스타키스 박사가 주축이 된 연구팀은 한 집단에서 20년 이상 알고 있는 4700여 명을 대상으로 '행복 바이러스'가 실제로 전파되는지의 여부와 전파 경로를 분석했다. 연구 결과, 한 사람의 행복 때문에 다른 사람이 행복해질 확률은 3단계 정도의 사회적 네트워크를 통해 8~34%까지 치솟는다는 결과가 나왔다. 홍길동이가 행복하면 홍길동이를 알고 있는 김길동이도 행복해지고, 김길동의 친구와 부인, 옆집 아저씨도 행복해진다는 설명이다. 행복한 감정은 1년 이상 지속됐다. 크리스타키스 박사는 "개인의 행복이 자신의 선택, 행동, 경험에 따라서만 결정될 것 같지만 지인, 심지어 모르는 사람으로부터도 영향을 받는다."고 강조했다.

물론 불행한 감정도 전파되지만 속도가 늦고 범위도 좁다는 것이 연구팀의 설명이다. 행복한 사람은 인맥의 중심에 있는 경우가 많았다. 주위에 행복해진 친구가 많기 때문이다. 그러나 불행한 친구가 많으면 행복한 감정은 상쇄된다. 행복은 감정적인 즐거움 이외에 사람들을 협조하게 만드는 효과도 있었다. 연구 결과를 분석한 마틴 셀리그만 교수는 "행복해지면 웃고 노래하고 미소 짓게 되는데, 이것들이 합쳐져 함께 작용하면 좀 더 효과적으로 감정이 전파된다."며 행복을 오케스트라에 비유했다.

인생은 크고 작은 어려움으로 가득 차 있다. 단 하루도 회복 탄력성이 필요하지 않은 날은 없다. 일이든 인간관계든 모두 회복 탄력성을 요구한다.

1) 회복 탄력성은 역경을 이겨 낸다

'자신에게 닥치는 온갖 역경과 어려움을 오히려 도약의 발판으로 삼는 힘'을 '회복 탄력성(resilience)'이라고 한다. 물리학에서 반발력을 의미하는 탄력성이라는 개념을 심리학적 측면에서 차용하여 시련이나 고난을 이겨 내는 긍정적인 힘을 나타내는 개념으로 쓰이고 있다.

　살아간다는 것은 수많은 도전과 어려움을 끊임없이 극복 해나가는 과정이다. 행복한 일도 있지만 그보다는 힘든 일, 슬픈 일, 어려운 일, 가슴 아픈 일이 더 많다. 질병, 사고, 이혼, 파산, 가족의 죽음 등 커다란 시련도 많지만, 하루하루 살아가면서 겪게 되는 인간관계에서의 사소한 갈등, 작은 실수 혹은 짜증스러운 일 같은 사소한 어려움도 우리가 극복해야 하는 시련 중 하나다. 하지만 다행히도 우리는 삶의 모든 역경을 얼마든지 이겨 낼 잠재적인 힘을 지니고 있다. 그러한 힘이 바로 회복 탄력성이다.

　교통사고를 극복한 서울대학교 이상묵 교수를 비롯해 시한부 선고를 받은 환자들 중에는 오히려 이전의 삶보다 더 행복해졌다고 말하는 사람도 꽤 많다. 자신의 고통과 시련을 긍정적으로 바라보고 그것을 적극적으로 받아들여 역경을 도약의 발판으로 삼고 있기 때문이다. 마음에도 힘이 있다. 몸의 힘이 근육에서 나오듯이 마음의 힘은 '마음의 근육'에서 나온다. 마음의 근육 역시 체계적이고 반복적인 훈련을 통해 단단하게 키울 수 있으며, 마음의 근육이 단단해질수록 어떠한 어려움과 역경이 닥쳐도 헤쳐 나갈 수 있게 되는 것이다. 그 힘이 바로 회복 탄력성이다.

2) 긍정적 정서는 회복 탄력성을 높인다

회복 탄력성을 키우기 위해서는 구체적으로 어떠한 노력을 해야 하는가? 강한 회복 탄력성의 형성 조건은 두 가지로, 하나는 자기조절 능력, 다른 하나는 대인관계 능력이다. '자기조절 능력'은 감정을 조절하고 충동을 통제하며 원인을 분석하는 힘을 말한다. 같은 환경에 처하더라도 상황을 객관적이고 정확하게 파악해서 충동적 대응을 하지 않고 긍정적 감정과 도전의식을 고취하는 방향으로 대응하는 능력을 말한다. '대인관계 능력'은 소통과 공감 능력을 키워 위기가 닥쳤을 때 많은 사람들의 도움을 받아 쉽게 헤쳐 나갈 수 있는 상황을 만드는 능력이다.

지금까지 살아온 경험을 되짚어 보면 힘들고 절망했을 때 그 상황을 털고 일어날 수 있었던 힘은 부모님, 형제들, 친구들, 이웃들이 있었기에 가능했던 것이다. 한자로 '사람 인(人)' 자의 모양을 보면 사람이 서로 기대어 있는 모습을 보여 주고 있는 것처럼 우리의 삶은 누군가의 도움을 받기도 하고, 누군가에게 도움을 주며 함께 살아가는 것이다.

자기조절 능력과 대인관계 능력을 향상시켜 주는 것은 '긍정적 정서'이다. 긍정적 정서를 키운다는 것은 곧 스스로 행복해짐으로써 자기 통제력을 높인다는 뜻이고 자신의 행복을 타인에게 나눠 줌으로써 대인관계 능력을 향상시킨다는 것이다. 긍정적 정서가 삶의 습관이 되도록 하려면 우선 자신의 관점과 생각을 최대한 냉철하고 객관적인 자세로 판단해야 한다. 그리고 생활 속에서 자신도 모르게 선택되는 부정적인 생각을 갖는 습관 및 관점의 틀을 긍정적인 틀로 변화시켜야 한다.

3) 자신의 강점을 활용하면 행복해진다

회복 탄력성을 높이는 핵심 키워드는 자신의 대표 강점을 발견하는 것이다. 지금 우리 사회의 공통적인 중요한 가치는 용기, 절제, 지혜와 지식, 정의로움, 인간미와 사랑, 초월성이라고 할 수 있다. 용기는 용감성·인내·진정성·열정을 의미하고, 절제는 용서·겸손·신중함·자기 통제를 말한다. 지혜와 지식을 얻기 위해서는 호기심, 학습 욕구, 판단력, 창의성, 통찰력이 전제되어야 한다. 정의로움은 책임감·공정성·리더십을 말하며, 인간미와 사랑은 친절성·사회성·사랑을 의미한다. 마지막으로 초월성은 감사와 낙관 등을 말한다.

지금 자신에게 이러한 질문을 던져 보고 냉철히 판단하여 자신의 강점을 발견하여 삶을 영위하는 것이 행복에 이르는 좋은 방법이다. 지금부터는 자신을 대표하는 강점을 찾아 인생의 허들을 가뿐히 뛰어넘는 사람이 되어 보자.

4) 감사하기와 운동은 행복의 습관이다

회복 탄력성을 높이는 방법으로 '감사하기'와 '운동하기'를 꼽을 수 있다. 이는 지극히 평범하고 잘 아는 행복의 습관이다. '감사하기'

는 마음의 좋은 습관이다. 감사란, 자기의 삶에 만족하며 더 이상 무엇을 바라지 않는 것이다. 그런 의미에서 엄밀히 말한다면 감사와 행복은 동의어일 것이다. '운동하기'는 몸에 좋은 습관이다. 활발한 신체적 활동과 순환을 통해 우리의 몸을 건강하게 만들어 주고 우리의 감정을 북돋워 주는 촉매제 역할을 할 것이다. 결국 몸과 마음의 균형을 유지해야 긍정적인 자신을 만들 수 있는 것이다. 우리는 감사와 운동을 통해 시련을 행운으로 바꾸는 인생의 힘을 얻어야 한다.

직장에서 대부분의 시간을 보내는 직장인들은 경쟁, 갈등, 스트레스에 시달리고 있다. 이러한 크고 작은 문제들을 극복하기 위해서는 회복 탄력성이 필요하다. 회복 탄력성을 높이는 방법은 자신에게 일어나는 모든 상황에 대해 긍정적으로 받아들이는 것이다. 이러한 긍정적 정서를 바탕으로 현실에 만족하고 감사할 때 행복에 이를 수 있다. 따라서 자신의 회복 탄력성을 높여 긍정과 행복을 전파하게 되면 구성원 개개인의 회복 탄력성이 더욱 높아질 것이며, 그 결과 보다 뛰어난 업무 성과를 이룰 수 있을 것이다. 또한 한걸음 더 나아가 건강한 직장을 만들어 낼 수 있을 것이다. 웃는 입술을 만드는 것만으로도 뇌는 이 사람이 행복해하는구나 하는 착각을 일으킨다고 한다. 회복 탄력성은 누구나 행복을 느낄 때 더욱 더 높아진다.

유명한 철학자 마크 트웨인의 우화에 다음과 같은 이야기가 있다. 어떤 사람이 천국을 방문하여 성 베드로에게 물었다.

"일찍이 세상을 살았던 사람 중에서 가장 위대한 장군의 능력을 가졌던 사람을 소개해 주십시오."

이에 베드로는 옆에 있는 천사 한 사람을 가리켰다. 그가 가리키는 곳을 바라보니 옛날 자기 집 앞에서 구두를 수선하던 사람이 아닌가. 그래서 방문객은 이렇게 말했다.

"아니, 저 사람은 구두 수선공이 아닙니까? 나는 저분을 잘 압니다."

이에 성 베드로는 다음과 같이 말했다.

"예, 그렇습니다. 그가 만일 하나님이 주신 재능대로 장군이 되었더라면 역사상 가장 위대한 장군이 되었을 것입니다."

변화에 둔감하거나 소질과 능력도 계발되지 않으면 아무것도 얻을 수 없다는 교훈을 마크 트웨인은 이렇게 쉬면서 말한 것이다. 어떤 사람에게 한 마리의 고기를 주면 그 사람은 한 끼의 식사를 할 수 있다 그러나 그 사람에게 고기 잡는 방법을 가르쳐 주면 그 사람은 영원히 살아갈 수 있다. 여기서 고기 잡는 방법을 스스로 찾는 것을 '자기 계발'이라고 한다면, 수동적으로 습득받는 것을 '교육'이라고 할 수 있다.

생각, 디자인하라

다양한 시각의 멀티프레임과 고착 상태

상황은 비관적으로 생각할 때에만 비관적이 된다.

―빌리브란트―

음식점에 들어가면 메뉴를 보고 일단 깜짝 놀란다. 강한 거부 혹은 호기심 발동이 제대로 걸리는 순간이다. 여러 맛을 제대로 음미해 보고 싶은 사람이라면 아마도 호기심 발동에 한 표를 던질 것이다. 한국을 처음 찾는 외국인들에게 한국의 느낌이나 음식 맛이 어떠냐고 물으면 "한국사람들이 너무 친절하고 경치가 아름답고, 한국 음식 맵지만 너무 맛있다."고 말한다. 첫인상은 그 사람의 생김새나 표정, 말투 등 외양에 의해서 주로 결정되지만, 반면에 끝인상은 외양보다는 그 사람의 태도, 성격, 일의 결과 등에 의해서 판가름된다.

좋은 관계를 오랫 동안 지속적으로 유지하고 싶다면, 첫인상보다 끝인상이 좋아야 한다. 첫인상은 이미 지나간 일이기 때문에 더 이상 바꿀 수 없다. 하지만 끝인상은 언제든 바꿀 수 있다. 아직 끝나지 않았기 때문이다.

'초두효과(Primacy effect)'는 처음에 강하게 인식된 정보가 전체

이미지 판단에 결정적인 역할을 하는 것을 의미한다. 신입사원 면접 때 면접관들은 응시자가 면접장에 들어오는 것을 보면서 '이 사람은 우리와 함께 일해도 좋을 사람, 안 될 사람'이라고 일차 판단을 한다. 그런 후에 질의응답을 하면서 재평가를 하지만 대부분 첫인상이 좋은 사람에게 점수를 후하게 주는 경향이 있다. 초두효과는 일상생활에서도 많이 활용된다. 연구에 의하면 초두효과가 바뀌려면 자그마치 40시간이 필요하다고 한다. 그만큼 첫인상이 강력하고 오래간다는 것을 의미하면서 동시에 그것을 변화시키려면 많은 노력과 시간이 필요하다는 것을 의미한다.

A라는 어떤 사람에 대해 A를 모르는 사람들에게 이야기하기를,
① 처음에는 장점을 말하고 그 다음에 단점을 이야기했다.
"똑똑하고, 근면하고, 충동적이며, 비판적이고, 고집이 세며, 질투심이 강하대."

② 처음에는 단점을 말하고 그 다음에 장점을 이야기했다.
"질투심이 강하고 고집이 세며 비판적이고 충동적이며 근면하고 똑똑하대."

그러자 1그룹에서는 78%가 ①를 좋은 사람이라고 생각하고, 2그룹에서는 겨우 18%만 ②가 좋은 사람이라고 생각했다는 연구가 있다.

초두효과와는 정반대로 시간적으로 나중에 제시된 정보가 잘 기억되어 인상 형성에 큰 영향을 미칠 수 있는데, 이를 '최신효과(신근성효과, Recency effect)'라고 한다. 이 효과는 제한적으로 나타나는데,

초기 정보가 너무 일찍 제시되어 망각되거나 최근의 정보가 아주 현저하게 지각될 때의 경우에서만 나타난다. 초두효과는 처음에 들어온 정보가 기억이 잘된다는 말이고, 최신효과는 가장 마지막에 들어온 정보가 기억이 잘 된다는 것이다.

　사람들은 흔히 '내가 옳고 다른 사람이 틀렸다.'고 생각하는 경향이 있다. 그러나 내가 알고 있는 옳은 부분은 겨우 일부분에 지나지 않을지 모른다. 나의 판단과 가치관은 지극히 주관적이고, 세상 일은 대부분 복잡하고 명확치 않기 때문이다.
　사람들은 각기 자신이 가진 프레임을 통해 세상을 바라본다. 이 때 자신이 가진 프레임이 무엇인지, 자신이 어떤 프레임을 통해 세상을 투영하고 있는지 인식하는 것이 중요하다. 우리가 하나의 관점만을 가지고 있으면 상황을 한 방향으로만 바라보게 된다.
　자신의 주장이 논리적이고 타당하다고 생각하지만 한쪽으로 편향된 관점은 문제를 올바르게 파악하기 어렵다. 그리고 문제를 올바르게 진단하지 못하면 적절한 처방을 기대할 수 없다. 우리는 다양한 시각으로 문제를 바라봐야 하며, 새로운 방식으로 사물을 바라볼 필요가 있다. 주어진 문제를 여러 시각에서 새롭게 바라볼 수 있는 능력이야말로 자신을 올바른 방향을 이끌어 가는 데 매우 중요한 요건이다.
　영국의 대표적 경영학자이자 미래학자인 핸디(Charles Handy)는 오늘날을 '비합리성의 세계(age of unreason)'라고 했다. 지금 세상은 합리적으로 돌아가지 않는다는 것이다. 세상 모든 일이 합리적으로 이해할 수 있는 것이 아닌 만큼 '왜 이런 일이 일어났는가?'를 명확하게 이해하는 것은 종종 우리의 인식 한계를 넘어선다. 따라서 우리는 정신적 지도 또는 세상을 보는 렌즈가 여러 개 필요하다. 이에 볼먼과 딜(Bolman & Deal)은 우리에게 필요한 네 가지 종류의 프레임을 제시하였다.

첫째, 구조적 프레임으로서 조직의 모습은 기계로서, 합리성을 강조한다. 즉, 조직은 상호 관련된 여러 부분들로 구성되고 이들 대부분이 각자에게 주어진 명확한 기능을 수행할 때 전체가 기계처럼 빈틈없이 돌아간다고 보는 것이다.

둘째, 인적 자원적 프레임으로서 조직의 모습은 가족으로, 조직의 중심에는 사람이 있다고 믿고 있고, 인간의 욕구를 강조한다. 인간이 조직의 성공에 핵심적인 역할을 한다는 점에서 인간 욕구를 이해하고 인간의 노력을 이끌어 내는 것이 가장 중요하다고 본다.

셋째, 정치적 프레임으로서 조직을 희소 자원, 이해 관계의 대립이 존재하는 정글과 같은 곳으로 간주한다. 따라서 조직에는 보이는 또는 보이지 않는 구성원들 간의 협상과 거래가 존재한다는 점을 지적하면서 인간이 원하는 모든 것을 제공하기란 불가능하다. 따라서 조직을 생산적으로 관리할 줄 알아야 하며, 합리적인 선에서 적절한 타협에 도달할 수 있도록 해야 한다는 것이다.

넷째, 상징적 프레임으로서 문화나 상징적 의미에 초점을 둔다. 인간이 부여하는 의미는 종종 객관적인 사실보다 더 중요하게 작용한다. 따라서 의식, 의례, 일화, 은유 등의 상징들은 사람들의 행위와 조직의 분위기를 이해하는 데에 핵심으로 작용한다. 사람들은 어떤 상징에 대해 공통된 의미와 가치를 부여하고 이를 통해 하나가 된다. 조직은 그와 같이 공유된 가치와 신념 속에서 결속된 공동체가 되어야 한다는 것이다.

한 사병이 중상을 입고 야전병원에 실려 왔는데 소생 가능성이 없어보였다. 그렇지만 군의관은 이 환자를 두고 무심코 한마디 던졌다.
"이 친구 내일 새벽까지 죽지 않으면 희망이 있어요."
죽음 앞에서 마지막 숨을 몰아쉬던 병사가 군의관이 하는 말, '희망이 있어요. 내일 새벽까지 죽지 않으면', 의미 없이 던진 이 말 한 마디에 희망을 걸고 그는 새벽까지 죽지 않으려 몸부림 쳤다. 죽음이 다가올 때 죽음에 저항한 것이다. 실오라기 같은 희망을 붙들고 몸부림 쳤다. 드디어 밤 12시가 지나고 새벽이 다가오자 그에게 새로운 생명이 넘쳐 흐르기 시작했다.
'새벽이 되었다. 이제 나는 살았어!'
그 군의관의 무심코 던진 말 한마디가 죽어가던 그 사병에게 희망을 주었고, 그 희망의 메시지를 붙든 병사는 절망적인 상황에서 살아날 수 있었다. 이처럼 무형의 자산인 말 한마디는 죽음의 기로에서 사람을 살려 내기도 하고 반대로 사람을 죽게 할 수도 있는 위력과 신비한 힘을 가지고 있다. 인간에게 있어서 긍정적인 말 한마디는 절망에서 희망으로, 실패에서 성공으로, 미움에서 사랑으로 변화시킬 수 있는 창조력과 성취력을 지닌 최고의 선물이다.

  행복과 불행의 차이는 생각의 차이에서 온다. 머리의 생각으로 마음에 다짐하여 행동으로 옮기게 되는 것이다. 거꾸로, 행동부터 하고 마음에 다짐하며 생각해 보는 경우는 거의 없다. 그러므로 '생각-마음-행동-결과'라는 순서가 도출되는 것이다. 따라서 사람의 모든 일은 생각하기 나름이다.

- 고난 속에서도 희망을 가진 사람은 행복의 주인공이 되고, 고난에 굴복하고 희망을 품지 못하는 사람은 비극의 주인공이 된다.
- 하루를 좋은 날로 만들려는 사람은 행복의 주인공이 되고, '나중에'라고 미루며 시간을 놓치는 사람은 불행의 하수인이 된다.
- 힘들 때 손잡아 주는 친구가 있다면 당신은 이미 행복의 당선자이고, 그런 친구가 없다고 생각하는 사람은 이미 행복의 낙선자이다.
- 사랑에는 기쁨도 슬픔도 있다는 것을 아는 사람은 행복하고, 슬픔의 순간만을 기억하는 사람은 불행하다.
- 작은 집에 살아도 잠잘 수 있어 좋다고 생각하는 사람은 행복한 사람이고, 작아서 아무것도 할 수 없다고 생각하는 사람은 불행

한 사람이다.
- 남의 마음까지 헤아려 주는 사람은 이미 행복하고, 상대가 자신을 이해해 주지 않는 것만 섭섭한 사람은 이미 불행하다.
- 미운 사람이 많을수록 행복은 반비례하고, 좋아하는 사람이 많을수록 행복은 정비례한다.
- '너는 너, 나는 나'라고 하는 사람은 불행의 독불장군이지만, '우리'라고 생각하는 사람은 행복의 연합군이다.
- 용서할 줄 아는 사람은 행복하지만, 미움을 버리지 못하는 사람은 불행하다.
- 작은 것에 감사하는 사람은 행복한 사람이고, '누구는 저렇게 사는데 나는' 이라고 생각하는 사람은 불행한 사람이다.
- 자신을 수시로 닦고 조이고 가르치는 사람은 행복기술자가 되겠지만 게으른 사람은 불행의 조수가 된다.
- 아침에 '잘 잤다.' 하고 눈을 뜨는 사람은 행복의 출발선에서 시작하고, '죽겠네.' 하고 몸부림치는 사람은 불행의 출발선에서 시작하는 것이다.
- 도움말을 들어 주는 친구를 만나면 보물을 얻는 것과 같고, 듣기 좋은 말과 잡담만 늘어놓는 친구와 만나면 보물을 빼앗기는 것과 같다.
- 웃는 얼굴에는 축복이 따르고, 화내는 얼굴에는 불운이 괴물처럼 따라온다.

- 사랑을 할 줄 아는 사람은 행복한 사람이고, 사랑을 모르는 사람은 불행한 사람이다.
- 불행 다음에 행복이 온다는 것을 아는 사람은 행복표를 예약한 사람이고, 불행의 끝이 없다고 생각하는 사람은 불행의 번호표를 들고 있는 사람이다.
- 시련을 견디는 사람은 행복 합격자가 되지만, 포기하는 사람은 불행한 낙제생이 된다.
- 남의 잘됨을 기뻐하는 사람은 자신도 잘되는 기쁨을 맛보지만, 두고두고 배 아파하는 사람은 고통의 맛만 볼 수 있다.
- 좋은 취미를 가지면 삶이 즐겁지만, 나쁜 취미를 가지면 늘 불행의 불씨를 안고 산다.
- 행복의 기준은 이 모든 위에 남을 사랑하는 마음의 바탕 위에 세워진다.

    심리학 용어 중에 '고착 상태(fixation)'라는 것이 있다. 과거의 유치한 습관을 계속 유지함으로써 안전감을 느끼는 현상이다. 장성한 사람이 계속 엄지손가락을 빠는 것도 일종의 고착 상태인 것이다. 어릴 때부터 욕을 잘하는 사람은 성인이 되어서도 여전히 입이 거칠고 아예 그 습관의 노예가 되어 있다. 욕쟁이들이 주로 정은 많은데 입이 착하지 못해 마음과 입의 괴리감을 보게 된다. 매사에 부정적이거나 비평일변도의 시각이 굳어지지 않도록 쓴 뿌리를 뽑아 내야 한다. 그래서 공과 실을 분명히 구분하는 합리적인 사고가 필요하다.

　반대를 위한 반대나 찬성을 위한 찬성의 유치한 습관은 사람 사이를 황폐화시키고 인간 사는 세상을 퇴보하게 만든다. 병아리는 다시 껍질 속으로 들어가지 않는다. 나비가 누에고치 속으로 되돌아가지 않는다. 새로운 시작의 다짐을 며칠 만에 포기하고 다시 유치한 옛날 습관으로 되돌아가는 것은 고착 상태에 빠져 있는 것이다. 그릇된 고착의 틀을 허물고 날마다 새로워지는 역동적인 사람에게 희망의 미래가 있다. 고착화된 유치한 습관은 녹여 버리고 삶에 바람직한 습관을 재창출해야 한다.

생각, 디자인하라

헌신과 열정을 이끄는 오메가 리더십

새해를 반갑게 맞이하는 것은 새롭게 다시 시작할 수 있기 때문이며, 새로운 카이로스(kairos, 의미 있는 변화의 시간)가 도래한다는 희망을 품을 수 있기 때문이다. 그때마다 우리는 묻는다. 무엇을 보고 갈 것인가? 어떻게 살 것인가? 과연 어떤 지혜로 이 어려움을 극복할 것인가? 상상을 초월할 정도로 빠른 속도로 변화를 거듭하고 있는 오늘의 현실은 리더들에게 그야말로 전인적(全人的)인 리더십을 필요로 하고 있다.

먼 옛날 뛰어난 통찰력을 제시했던 다섯 명의 현인(賢人)들의 조언을 토대로 그들의 생애와 철학에 입각해 현세에 주는 메시지를 도출해 볼 수 있을 것이다. 조선 시대 손꼽히는 지식인 다산 정약용(1762~1836), 20세기를 대표하는 경제학자 중 한 명인 조지프 슘페터(1883~1950), 세계적 문호인 레프 톨스토이(1817~1875), 조선 시대 최고 거상인 가포 임상옥(1779~1855), 중국 전한 시대 위대한 사가인 사마천(BC 145~86)이 그들이다. 이들은 시대를 뛰어넘어 현세의 난국을 풀어갈 수 있는 개인의 몸가짐과 사회적 해법을 제시했다.

다산 정약용은 "이해가 같으면 제 편이고, 다르면 내치는 당동벌이(黨同伐異)의 모습이 200여 년 전과 하등 다를 바 없다."고 지적해 민심이 피폐해지는데도 당리당략에만 몰두하는 정치판을 우선 겨냥했다. 그는 "정치력을 신속히 복원해 민생을 보살펴야 한다."며 "공직자들은 처신에 능할 게 아니라 진실로 국민을 생각하는 자세를 가져야 한다."고 강조했다. 이어 "위기일수록 아무것도 하지 않고 시간만 보내는 소일(消日)을 가장 경계해야 한다."며 "변례창신(變例創新, 옛것을 참조해 새것을 만들어 낸다.)의 마음가짐이 필요하다."고 조언한다.

슘페터는 "어려울수록 '창조적 파괴'의 바람이 자유롭게 불도록 해야 한다."며 "헨리 포드, 토머스 에디슨, 빌 게이츠 같은 창조적 인물들의 기업가 정신을 북돋워야 한다."고 주문했다. 그는 특히 "큰 불황이 닥쳤을 때는 정부 지출을 늘려야 하지만 '항구적인 엔진'으로서 정부 지출의 필요성은 인정하기 힘들다."며 "정부의 역할은 위기 때 제한적으로 강화돼야 한다."고 지적한다.

평생에 걸쳐 삶에 대한 사랑과 희망을 설파했던 톨스토이는 "추운 겨울 꽁꽁 얼었던 땅도 봄이 오면 어머니의 젖가슴처럼 보드랍게 변한다."며 "이상은 높게 갖되 작은 노력들을 게을리 하지 않으면 인생의 고통과 좌절도 오래 가지 않을 것"이라고 언급했다. 그는 우리에게 "가장 중요한 때는 현재이며, 가장 중요한 일은 지금 하고 있는 일이고, 가장 중요한 사람은 지금 만나고 있는 사람"이라면서 "주어진 여건 속에서 최선을 다하라."고 당부한다.

거상 임상옥은 "이번 위기는 스스로 만족할 줄 모르는 인간의 탐욕에서 비롯됐다."며 "가득 채우면 술이 모두 사라지고 7부만 채우면 그대로 남아 있다는 '계영배(戒盈杯)'에서 겸허함을 배워야 한다."고 조언했다. 그는 "큰 장사꾼은 비가 오든 안 오든 우산과 나막신을 만드는 사람"이라며 "먼 미래를 보고 투자하라."고 주문했다.

사마천은 인간의 의지를 내세웠다. 그는 "하늘의 도는 옳은 것인가, 그른 것인가(天道是也非也)?"라는 질문을 던지며 위기 극복을 위해서는 역시 인간의 도를 우선해야 한다는 것이다. 아울러 경제 위기도 돌고 도는 과정에서 벌어진 것이라며 "가뭄이 든 해에는 배를 준비하고, 수재가 발생한 해에는 수레를 준비하는 게 인간의 도리"라고 강조한다.

이처럼 역사상 인류에게 큰 영향을 끼친 사람은 많고도 많지만 그 중에서도 '예수'를 으뜸으로 꼽을 수 있을 것이다. 즉 부드러우면서도 강력한 리더십, 보다 도덕적이고 팀웍을 중시하며 비전 제시와 동기 부여를 통해 열두 제자의 헌신과 열정을 이끌어 낼 수 있는 이른바 '오메가 리더십(OMEGA Leadership)'의 대표적 인물이라 할 것이다.

미국의 광고 마케팅 개발 회사인 존스 그룹의 창업자이자 CEO인

로리 베스존스는 20여 년간 최고 경영자로서의 예수를 연구해 온 결과, 예수님의 경영 스타일이 남성적이며 권위적인 힘에 기초한 '알파 경영'과 여성적이며 상호 협조적인 힘에 기초한 '베타 경영'을 연계해 그 시너지 효과를 창출하는 '오메가 경영'이라고 분석하였다. 여기서 더 나아가 예수님을 최고의 지도자, 즉 오메가 리더로 명명하였다. 초교파적인 그녀는 자신의 사명을 '하나님께서 주신 탁월함을 인정하고, 촉진하고, 고양시키는 것'이라고 밝히고, 그 사명을 온전히 실천하기 위해 다방면에서 활약하고 있다. 또한, 그 능력을 인정받아 국제 인명사전에 오르기도 한 경영자이다. 그는 자신의 생생한 경영 체험을 바탕으로 예수님이 갖고 있는 리더십의 강점을 크게 '자아 극복의 강점, 행동의 강점, 인간 관계의 강점'으로 나누고 있다.

먼저, '자아를 극복하는 강점'으로 예수님은 내면의 닻을 갖고 계셨다는 것이다. 다른 사람에게 의존하거나 외부적인 조건에 결코 흔들리지 않았다는 것이다. 다음으로, '행동하는 경영자'로서 예수님은 결코 혼자서 일을 처리하지 않고 항상 그룹(팀)을 짜서 그들을 독려했다는 것이다. 마지막으로, '인간관계 부분'에서는 먼저 자신의 사람을 교육하고 이를 토대로 인간 경영의 범위를 넓혀 나간 것이다.

1) 사람됨으로 이끄는 **인격의 힘**

예수님은 이 세상에 계실 때 열두 제자를 선택하시고 선교 사명을 위임하셨다. 예수님께서 부르신 열두 제자들의 출신과 신분이 모두 달랐으나, 가룟 유다를 제외하고 이들은 한결같이 예수님을 위해서 자신의 목숨을 바쳤다. 그 이유는 예수님이 나를 위해서 십자가에서 죽었다는 사실을 제자들은 알았기 때문에 자신들의 목숨을 내어 놓을 수 있었다. 리더가 되기 위해서는 인격을 형성하는 데 어느 정도의 시간이 필요하고 일련의 과정을 거쳐야만 한다. 요셉의 인생 1막에서 사랑과 꿈, 권위에 순종하는 법을 배웠고, 인생의 2막에서는 바르게 일하는 것과, 정직함, 윤리적인 인간됨을 배웠다. 또한 요셉의 인생 3막에서는 사람을 이해하고 사랑하는 법을 배웠으며, 타인의 꿈을 풀어 주었고, 마지막 인생의 4막에서는 요셉은 성령의 사람으로 인정받음과 동시에 역사의 꿈을 풀어 내는 리더가 되었다.

지그 지글러는 "행동하는 사람 2%가 행동하지 않는 사람 98%를 지배한다."고 하며, 폴 마이어는 "아무 생각 없이 그냥 사는 사람이 87%, 어떻게 해야 하는데 마음속으로 생각만 하는 사람이 10%, 글로 목표를 써놓고 보면서 행동하는 사람이 3%"라고 한다. 그러므로 리더는 입으로 말하는 사람이 아니라 삶의 모습을 행동으로 보여 주는 사람이 되어야 한다.

사람다움이란 은혜를 잊지 않고 감사하는 것이다. 작은 친절, 사소한 일에도 감사를 표시할 줄 아는 사람이 진정한 리더가 될 수 있다. 한 사람을 평가하는 기준은 인격과 업적이다. 업적은 세월이 지나면 퇴색되기 마련이지만 인격으로 평가받는 사람은 시간이 지나도 그 가치가 더욱 빛을 발하게 된다.

2) 결심하는 대로 된다는 **결심의 힘**

지금 결심하라. 그리고 결심한 대로 살려면 다음과 같은 세 가지를 잊지 말라! 첫째, 결심한 대로 끝까지 하라. 둘째, 간절한 소원을 가져라. 셋째, 믿음을 가져라! 사람은 결심한 대로 살게 되어 있다. 마치 자동차 운전대를 돌려 놓는 대로 자동차가 달려가듯이 사람의 운명이란 자신이 결단하는 대로 되게 마련이다.

또한 뜻을 세우고, 모든 것을 하찮게 여기지 말며, 이길 때까지 끝까지 하자! 비록 외롭고 힘들지만 세상과 타협하지 않고, 오늘도, 내일도, 모래도, 내가 가야 할 길을 묵묵히 걸어가는 다니엘을 본받아야 한다.

오늘도 나는 사랑하며 살리라.
오늘도 나는 감사하며 살리라.
오늘도 나는 너그러운 마음으로 살리라.
오늘도 나는 기쁜 맘으로 살리라.
오늘도 나는 최선을 다해서 살리라.

예수님처럼 리더는 자신을 비워야 한다. 그리고 아픈 자와 함께 하고 우는 자와 같이 울어 주는 리더가 되어야 한다. 그리스도를 따르는 리더의 결단은 우선 자기를 비우고 죽이는 작업이 선행되어야 한다.

3) 할 수 있다는 **믿음의 힘**

"믿음은 바라는 것들의 실상이요, 보지 못하는 것들의 증거(히브리서 11:1)"라고 했다. 약점이 많은 사람에게도 희망은 있다. 전쟁의 영웅 나폴레옹은 키가 작고 간질병이라는 약점을 가진 사람이었다. 그는 파리 군사학교에서 51명 중 42등으로 졸업했다. 그는 치명적인 약점이 있었기에 책을 손에서 놓지 않고 공부를 하였다.

   리더는 외로움의 대가를 지불할 수 있어야 한다. 또한 리더는 고집이 아닌 원칙을 가지고 있으며 결코 포기하지 말아야 한다. "인생은 나그네와 같다."는 성경 말씀이 있다. "모든 육체는 풀과 같고 그 모든 영광은 풀의 꽃과 같으니 풀은 마르고 꽃은 떨어지되 오직 주의 말씀은 세세토록 있도다. 하였으니 너희에게 전한 복음이 곧 이 말씀이니라(베드로전서 1:24~25)."

   메뚜기의 자화상을 버리고 할 수 있다는 믿음의 리더가 되어야 한다. 올바른 것을 찾기 전에 한참을 기다려야 할지라도, 설사 몇 번의 시도를 해야 할지라도 용기만은 잃지 말아야 한다. 남 다른 삶을 살아가는 사람들에게는 모두 한맺힌 계기가 있다. 처절한 실패가 운명의 방향을 바꾸어 놓은 기회가 되기도 하고, 고통스러운 상처가 새로운 삶을 시작하는 데 전환점이 되기도 한다. 그러므로 생각을 바꾸면 '자살'이 '살자'로 바뀌는 역사가 일어날 것이다.

4) 바라보는 대로 된다는 **비전의 힘**

   성경은 실패한 사람들의 이야기가 많다. 철저하게 실패한 사람들이 예수님을 의지하여 다시 일어난 역전의 드라마이다. 실패하지 않은 사람들은 예수님을 의지할 수가 없다고 해도 과언이 아니다. 예수님은 실패한 사람을 만나 주셨으며 지금도 만나 주시고 계시며 역사하시고 계신다.

토끼는 상대를 보고 경주에 임했으나 거북이는 목표를 바로 보았다. 오늘 우리의 현실은 거북이형 리더십을 그리워한다.

탁월한 리더는 언제나 가능성을 열어 놓은 사람이다. 리더는 언제나 희망을 말해야 한다. 왜냐하면 사람은 누구나 숱한 가능성을 가지고 있기 때문이다. 그리고 상황은 언제나 달라질 수 있기 때문이다.

양치기 리더십의 교훈으로서 참된 리더는 양들의 상태를 파악하며, 양들의 됨됨이를 살피며, 양들과 일체감을 갖도록 하며, 안전한 목장으로 인도하며, 양들의 방향을 가리키는 지팡이와 잘못된 방향을 바로잡는 회초리가 있다.

극한 상황의 리더인 어네스트 새클턴, 남극 탐험을 시도하는 과정에서 새클턴은 위기와 인간의 한계를 극복하고, 특히 사선에 놓인 부하들을 구조해 냄으로써 영국의 영웅으로 떠오르게 된다. 그리고 많지 않은 나이에 심장병으로 세상을 떠나고 만다. 그의 일생은 한마디로 무모한 도전의 연속과 한계의 극복이었다. 그의 리더십은 일곱 가지로 정리된다.

첫째, 자. 이제 집으로 돌아가자.

둘째, 바다는 쉬지 않고 움직이지 않는가.

셋째, 잠자는 자를 깨우지 않았다.

넷째, 혼자 먹는 떡이 맛있더냐?

다섯째, 그냥 웃어 넘겨라.

여섯째, 앉아 죽을래, 가다가 죽을래.

일곱째, 중지하면 가지 않은 것만 못하다.

새클턴은 자신의 마음이 흔들릴 때마다 홀로 기도했다고 한다. 주께서 인도해 달라고. 인간 삶의 문제는 상황이 아니다. 리더십의 문제이다. 우리 자신이 불가능한 자리에서 가능한 역사로 이끌어 가는 지혜와 전략과 능력을 우리는 셀프 리더십이라고 한다.

성경은 처음부터 끝까지 심각한 인간의 위기를 기록하고 있다. 이러한 위기 상황에 처한 인간을 구원하시는 하나님의 역사를 기록한 것이 성경이다. 위기에 처한 인간과 역사를 구원하시는 하나님의 방법은 리더를 세우시는 일이었다. 위기는 생존에 대한 위협이 아닌 도전이다. 세상의 리더십은 "나를 따르라."라고 하지만 섬기는 리더십은 "함께 갑시다."라고 이야기한다. 세상의 리더십은 '과업(project)'을 중시하지만 섬기는 리더십은 '사람(people)'을 중시한다. 세상의 리더십은 소수 엘리트와 스타를 중요하게 여기지만 섬기는 리더십은 공동체를 소중하게 생각한다.

진정 현명하고 유능한 리더란 어떤 리더일까? 강한 카리스마가 리더십의 핵심 요소라고 하지만 한 기업과 조직이 장기적인 목표를 달성하고 강한 생명력을 갖기 위해서는 그 이상의 것이 필요하다. 이에 인류의 2000년 역사를 통틀어 부드러우면서도 가장 강력한 힘을 발휘해 온 예수님의 리더십을 현대의 리더십에 적용시켜 보았다. 릭 웨런 목사는 '예수님 리더십의 일곱 가지 기초'를 다음과 같이 말하고 있다.

1) 자기 이해(Identification) : 내가 누구인지를 깨달아야 한다.
2) 명료성(Clarification) : 성취하고자 하는 것을 알아야 한다.
3) 동기 부여(Motivation) : 누구를 기쁘게 할지를 알아야 한다.
4) 협력(Collaboration) : 소그룹과 함께 사역해야 한다.
5) 집중(Concentration) : 중요한 것에 집중해야 한다.
6) 묵상(Meditation) : 하나님께 귀기울여야 한다.
7) 휴식(Relaxation) : 재충전할 시간을 가져야 한다.

무엇보다 진정한 리더십은 사람들간의 '공감'을 필요로 한다. 부족한 한 인간이 다른 인간을 지도하고자 할 때 내면의 지혜에서 흘러나오는 공감이야말로 리더십의 핵심 사항이기 때문이다. 그리고 이런 공감을 형성하기 위해 필요한 것이 바로 예수님의 '섬기는 리더십(Servant leadership)'일 것이다.

섬기는 비즈니스 리더가 되기란 쉽지 않은 일이다. 인내하고 오랫동안 기다려야 하며 성공에 대한 확실한 보장도 없다. 자칫 무능력하다는 비난을 받을지도 모르는 일이다. 그러나 분명한 것은 그 섬김은 장래에 열매가 무성한 나무를 기대하는 '희망의 씨앗'이 된다는 것이다.

목수의 아들로 태어나 당당한 삶으로 최후를 맞이하고, 어떤 위기와 고난에도 굴하지 않으며, 당대에 수많은 사람에게, 나아가 시대를 초월하여 전 인류에게 당당하고 위대한 삶의 모범을 보여 주었던 예수님의 삶에서 시대가 지나도 변하지 않는 삶의 교훈을 발견하고 있다. 특히 열두 제자를 택하고, 그들에게 때론 따뜻하고 섬세하게, 때론 준엄하게 가르침을 전하면서 삶의 용기를 북돋워 주는 모습은 전 세계적인 위기에 처한 현대인들이 살아야 할 삶의 방향을 제시하고 있다.

위기의 시대를 맞아 주변 사람들과의 관계에서 어려움을 겪고 있는 리더, 리더의 자리에 있으나 리더십을 제대로 발휘하지 못하고 있는 리더, 보다 나은 자신과 보다 성공적이면서 행복한 삶을 살기 바라는 리더들에게 인류 역사상 가장 위대한 리더, 2000년 이상 지난 오늘날에도 그 누구보다 전 세계적으로 가장 큰 영향력을 행사하시고 계시는 예수님의 리더십을 만나는 것이야말로 우리를 더 큰 도전과 희망으로 이끌어 줄 것이다.

에필로그

바늘구멍의 희망이 기적을 이룬다

미약하나마 글을 쓸 때마다 제일 고민되는 것은 어떻게 마무리를 할 것인가이다. 일부러 시간을 내 글을 읽어 주는 독자들에게 무언가 의미 있고 한 번쯤은 자신의 삶을 돌아볼 수 있는 메시지를 남겼으면 하는 바람이 있다. 하지만 내 능력으로는 참으로 어렵고 힘들다. 그래서 그분(God)께 기도하는 가운데 '희망'이라는 메시지를 주셨는데, 너무나 감사하다.

살다 보면 세상의 일과 사람들 때문에 힘들고 상처 받을 때가 있다. 그럴 때면 무작정 세상과 사람을 피하고 싶어진다. 하지만 곧 우리는 깨닫게 된다. 그 상처 또한 사람으로 인해 치유될 수도 있고, 그분(God)께서 치유해 주시고 희망을 주실 수도 있다.

루쉰(魯迅)의 중국 현대 단편소설인 〈고향(故鄕)〉이라는 내용 중에 "희망이라는 것은 원래 있는 것이라 할 수도 없거니와 없는 것이라고 할 수도 없다."라는 글이 있다. 그것은 마치 땅 위의 길과 같은 것이다. 본래부터 땅 위에 길이 있었던 것은 아니다. 다니는 사람이 많아지면 곧 길이 되는 것이다. 우리는 희망을 가져야 한다. 희망을 갖지 않는 것은 어리석은 것이다. 희망은 곧 내 안에서 저절로 나오는 본능의 힘이기도 하고, 내공의 힘이기도 하고, 그분(God)이 주신 멋진 축복이기도 하다.

두 개의 독에 쥐 한 마리씩을 넣고 빛이 들어가지 않도록 밀봉한 후 한쪽 독에만 바늘구멍을 뚫는다. 똑같은 조건 하에서, 완전히 깜깜한 독 안의 쥐는 1주일 만에 죽지만 한 줄기 빛이 새어 들어오는 독의 쥐는 2주일을 더 산다고 한다. 그 한 줄기 빛이 독 밖으로 나갈 수 있을지도 모른다는 희망이 있고, 희망의 힘이 생명까지 연장시킨 것이다.

서양의 한 인류학자는 사람을 '거미, 개미, 꿀벌'로 구분하여 보았는데, '나는 어떤 사람으로 살아가고 있을까?' 생각해 보게 한다.

'거미 같은 사람'은 정보망을 거미줄 같이 쫙 깔아 놓고 곤충이 날아가다 실수로 거미줄에 걸리면 딱 잡아채서 돌돌 말아 먹잇감을 만들듯이 누가 실수를 하면 그것을 약점 삼아 미끼로 그 사람의 모든 것을 다 빼앗아간다는 것이다. 그래서 항상 눈을 째려 보며 어느 누가 실수나 하지 않나 기다린다. 남의 약점이나 찾아 조그만 실수도 크게 떠들고 다니는 사람인 것이다.

'개미 같은 사람'은 일은 열심히 한다. 부지런히 쉬지 않고 모아 쌓아둔다. 많아도 또 쌓고 쌓아 저장한다. 그리고 쓸 줄도 모르고, 또 남을 도와주는 것도 모르고 그냥 부지런히 산다. 주변 이웃이 굶어 죽든 병들어 죽든 나 몰라라 하며 산다. 누가 뭐라 해도 그냥 일해서 쌓다가 간다. 열심히 일해서 쌓은 것이니 누가 뭐라 하겠는가?

'꿀벌 같은 사람'은 아주 열심히 산다. 단체에 또 자기 맡은 일에 확실한 책임을 갖고 산다. 그리고 질서가 있고, 단체를 위해 봉사와 희생도 한다. 먹는 것도 다른 동물들도 먹을 수 있게 만들어 놓는다.

휴렛패커드(HP) 창업자인 데이비드 패커드는 "작은 일이 큰일을 이루게 하고 디테일이 완벽을 가능케 한다."고 했다. 왕중추(汪中求) 베이징대 디테일 관리 연구센터 소장 겸 칭화대 교수는 『디테일의 힘』이라는 책을 통해 "기업 최대의 적은 무감각… 디테일이 살아야 성공한다."고 말한다. 모든 위대함은 작은 것들에 대한 충실함으로부터 시작된다. '디테일의 힘'이란 '작고 부분적인 요소' 정도로 풀이되는 것이다.

세계의 유수한 기업들은 자신만의 디테일을 가지고 있다. KFC와 맥도널드는 맛·조리법·고객에 대한 서비스·위생·만들고 남은 음식에 대한 폐기·여러 상황에 맞는 대처법 등 수없이 많은 디테일들이 정형화되어 있고, 철저하게 분석된 요소들과 주도면밀한 시장 분석을 통해, 이를 가지지 못했던 외래 패스트푸드(fast food) 진출에 대항하여 생겨난 중국의 패스트푸드 브랜드들을 따돌리며 중국 시장에 안착할 수 있었다.

　이 세상을 살아가는 것도 결국은 수많은 디테일들이 상호작용하는 것이라고 생각한다. 인간관계에서 작은 말이나 행동 따위가 그 사람의 이미지를 결정하고, 어떤 일을 처리하거나 성취할 때에도 그것이 얼마나 디테일한가에 따라 완성물의 밀도가 결정되고 고객들의 반응이 판가름나는 것이다.

　우리는 살맛나는 세상을 꿈꾸며 살아가야 한다. 1991년 사과 재배로 유명한 일본 아오모리 현에 기록적인 태풍이 불어 닥쳤다. 1년 동안 땀 흘리며 재배했던 사과들의 90%가 떨어져 버렸다. 농민들은 비탄에 빠지고 애꿎은 하늘만 원망했다. 이런 절망적인 상황에서도 "상관없어!"라고 말하며 웃음을 잃지 않은 사람이 있었다. 그 사람은 떨어지지 않은 10%의 사과를 가지고 '합격 사과'라는 상표를 붙여 시장에 내다 팔았다. 보통 사과에 비해 10배 이상 비싼 값이었지만 불티나게 팔려나갔다. 특히 엄청난 위력의 태풍 속에서도 떨어지지 않았다는 사실 때문에 수험생들에게 폭발적인 인기를 얻었다고 한다. 잃어버린 90% 때문에 절망하지 않고 남은 10%에 희망을 갖는 것이 바로 행복의 기적을 창조할 수 있는 것이다.